Fabulate

Fabulate

Randbemerkungen
in zeitkritischen Prosabildern

von Helmut Barthel

Bibliografische Information der
Deutschen Nationalbibliothek:
Die Deutsche Nationalbibliothek verzeichnet diese
Publikation in der Deutschen Nationalbibliografie;
detaillierte bibliografische Daten sind im
Internet über http://dnb.d-nb.de abrufbar.

Helmut Barthel
"Fabulate"
© Helmut Barthel
Alle Rechte vorbehalten

Rechte für diese Ausgabe:
MA-Verlag, Stelle-Wittenwurth
ma-verlag@gmx.de
1. Auflage 2019

Satz. Layout und Umschlaggestaltung:
MA-Verlag
Bildnachweis: © MA-Verlag

Herstellung:
tredition GmbH, Halenreie 40-44, 22359 Hamburg

ISBN 978-3-925718-40-3

*Das Feuer und das Rad
sind Ausdruck, Praxis und Erfüllung
der Unterwerfung und fraßgetriebener
Selbstverwirklichung und erweisen sich
am Ende nicht nur als Instrumente
abschließender Zerstörung und
Unumkehrbarkeit jenes oft als nicht
zurückweisbar erfahrenen und
grundlegend gültigen Prozesses
der bloßen Verdauung,
sondern als der eigentliche Feind.
H.B.*

Inhalt

Ökonomie, Medien, Repression

Umwelt, Klima, Katastrophen

Soziales

Philosophisches und Kulturelles

Vorwort

In episch zugespitzter Prosa und einer inhaltlich nach vorn gerichteten Bilanzierung nimmt der Autor Stellung zur Qualifikation von Raub und Zerstörung vom Anbeginn der Menschheitsgeschichte bis in die Gegenwart.

Die kurzen, lyriknahen Texte mit oftmals nahezu prophetischer Wirkung bleiben dennoch ernüchternd realistisch in ihrer schonungslosen Genauigkeit. Ein kleiner, scheinbar unbedeutender Anlaß fördert überraschend weit über das Problem hinausgehende Fragen zutage – ein Grund, während des Lesens zu verweilen und sich nach und nach in die reiche und vielschichtige Welt der "Fabulate" entführen zu lassen.

Die Sequenzen, die keinem literarischen Genre zugeordnet werden können, wurden vom Autor im Zuge seiner wöchentlichen Editorials für die Printausgabe des Schattenblick entwickelt. Seine häufig in Metaphern verkleideten oder mit Beispielen illustrierten Aussagen lassen sich am ehesten wohl in der Nähe der Fabula im Lessingschen Sinne ansiedeln. Der Schriftsteller der Aufklärung hatte diese ernste und kurze Prosaform, die heute fast vollständig in Vergessenheit geraten ist, im 18. Jahrhundert zur Zeitkritik verwendet.

Nichts könnte das grundlegende Thema, das sich wie ein Faden durch alle poetisch-philosophischen "Randbemerkungen" von Helmut Barthel zieht, trefflicher beschreiben als die folgende Stellungnahme:

"Es gibt so viele Fragen, denen der Schattenblick engagiert und entschieden nachgehen will, um ihnen Platz und Entfaltung im Denken und Fühlen eines jeden daran interessierten Menschen zu verschaffen und nicht nur die Erinnerung, sondern auch die Praxis menschlichen Mutes, Tatendrangs, menschlichen Erfindungsreichtums und menschlicher Widerstandskraft wachzurufen und zu unterstützen. Denn wir wollen nicht an bessere Sicherheitsvorkehrungen, größere Kontrolle und eine zunehmende Einschränkung der Bürgerrechte glauben, sondern an den Menschen."

Dezember 2019, MA-Verlag

Politik und Gesellschaft

Hippiefluch

Wir werden euch schon mit unseren Indianer- und Geistergeschichten die Zähne ziehen und die Leitungen kappen, und wenn ihr dann wehrlos im Dunkeln steht und euch nicht mehr zurechtfinden könnt, geht für uns die Sonne auf. Wir sehen Licht, wenn euch die Kopfhaut vom Hintern pellt und uns wird vorsommerlich warm, wenn euch eure Verkleidung vom Körper fetzt. Erstickt werdet ihr vom neuen Grün und vollkommen verdrängt von industriefreien Welten und scheitern an dem Versuch, so nackt und geschichtslos in den landwirtschaftsbefreiten Gärten das Eure zu ernten und doch ohne jede Fron zu ersetzen. Zur glotzenden Not werdet ihr verkommen, wenn sich euer Gehirn als inkompatibel zum Rest der aufblühenden Freiheit und als unzureichend für das nicht verzichtbare Verständnis all der überraschenden Anteile, Prozesse und Ereignisse einer bis heute noch nicht erlebten Wirklichkeit erweisen sollte. Mit euren Sinnen und Gewohnheiten untrennbar verbunden werdet ihr euch wie gefesselt und stranguliert nur noch zurücknehmen können, um schlußendlich vom großen Gärtner eingesammelt und für immer aus unserem Traum entfernt zu werden und ihr werdet nicht aufhören, euch zu erinnern.

Schmach der 68er

Wie viele Straßen auf dieser Welt
sind Straßen von Hunger und Leid?
Wie viele Meere auf dieser Welt
sind Meere der Traurigkeit?

Da ist gewiß vieles anders geworden seit jener vielversprechenden Wirtschafts- und Fortschrittsaufbauzeit vor gut 50 Jahren. Der Zorn und die Empörung, die heftig gestörte Wohlstandsträume durch die zunehmende Kenntnisnahme räuberischer Kriegs-, Unterdrückungs- und Ausbeutungswillkür bei jener heranwachsenden Generation hierzulande ansprechen konnten, die, als Erben und Nutznießer der ungeheuren Nachkriegsproduktivität in ihrer naiven Himmelbettkultur voller großartiger Zukunfts- erwartungen und sorglosestem Dauerkonsens aufgewachsen, erzogen und geprägt, vermutlich genau deshalb offen dafür waren, scheinen für immer verloren gegangen zu sein. Sie brachten seinerzeit die aufregenden und vielversprechenden Explosionen und sozialseismischen Erschütterungen großer und in wesentlichen Fragen gleich ausgerichteter, dem Protest und dem Widerstand verpflichteter Bewegungen, Aktionen und Veränderungen mit sich, welche zunehmend den Eindruck zu erwecken schienen, die ungerechten Verhältnisse in der Welt gegen sich kehren und wenden zu können.

In der Gegenwart als gescheiterte, reintegrierte und korrumpierte 68er definiert, verankert und versickert im Alltag rentengestützter Perspektiven bestenfalls mitleidserregend, hat diese Generation offenbar ihren damaligen Aufbruchsoptimismus und ihr wütendes, unbestechliches Engagement am Ende doch aufgebraucht und dem bloßen Lebenserhalt geopfert. Die Menschen dieser Zeit ducken sich offenbar vor dem Wissen um die Last indessen allzu aufgeklärter Konkurrenz- und Überlebensanforderungen einer entzauberten Wirklichkeit, die sich bestenfalls noch in kurz-, mittel- und langfristige Perspektiven zerlegen läßt.

Die der naiven und gutmütigen Hoffnung zuzusprechende Bereitschaft, die Gesellschaft zu überraschen und mit ihrer Empörung anzustecken, scheint im Grau alltäglicher Vor- und Nachbereitungszwänge der bloßen Existenzgestaltung besonders in den privilegierten Metropolen untergegangen zu sein.

Die Gewißheit jedoch ist unerschütterlich, die, gedeckt durch lange, geschichtliche Erfahrung, im wesentlichen eigentlich immer wieder aufdeckt und zum Tragen bringt, daß der Schein doch trügt.

Alles ist politisch

Gerade die 68er-Generation hat die Behauptung, nichts sei unpolitisch und der Mensch als gesellschaftliches Wesen käme nicht darum herum, in jedem Falle positiv oder negativ politisch zu handeln, ob er es wolle oder nicht, zur Scheideinstanz für richtiges, das heißt revolutionäres, Tun, oder für falsches, das wäre systemstützendes und staatstragendes, Handeln, erhoben, sicherlich und nicht zuletzt auch aus dem Grund, um bezichtigend oder erklärend jedem Menschen seinen unvermeidlichen Anteil am Zustand der herrschenden Verhältnisse vor Augen zu führen.

Die gesamte Diskussion, insbesondere unter Studenten und Intellektuellen, was denn das notwendige, sprich revolutionäre, Tun oder das systemimmanente, konventionstragende und somit das unvertretbare Handeln in der Gesellschaft sei, fand hier den Ursprung für ihre bis zum heutigen Tage sich fortsetzende, dauerdebattierende, fundamentalauseinandersetzungsgetriebene Endlosschleife von Wiederholungen, Mißverständnissen und aufreibenden Vergeblichkeiten und ihr vertrautes Bild.

Die Revolte und revolutionäre Absicht, geboren aus dem gesellschaftlichen Widerstand und der Rückbesinnung auf ursprünglich bessere Lebens- und Gemeinschaftsperspektiven allerdings birgt erst in sich die Kraft und die Chance, zu wirklich historischen Entwicklungssprüngen beitragen zu können, ebenso wie sie auch die Gefahr bei nachlassender Zielstrebigkeit und Entschiedenheit transportiert, vom bloßen politischen Tun ausgebremst und umgewertet zu werden.

Eine Lanze brechen für die Politik

Wie gern werden zur Erklärung ungeklärter gesellschaftlicher Widersprüche Negativklischees wie der Begriff der Politikverdrossenheit oder die Korrumpierbarkeit des Politikers durch Macht und Einfluß ins Feld geführt und der Eindruck erweckt, damit den Schwarzen Peter gesellschaftlichen Lebens oder gesellschaftlicher Regulationen festgemacht zu haben.

In den 68ern erweiterte sich demgegenüber dieses Allerweltsklischee um das Verständnis, daß es kein gesellschaftliches Tun und kein gesellschaftliches Handeln gäbe, welches nicht politisch wäre. So entsteht eine statthafte Wippe aus dem Scheinwiderspruch, daß Macht beziehungsweise staatsmonopolistische Gewalt, um deren Ausübung, Kontrolle und konstruktive Wendung zum bürgerlichen Nutzen und Gebrauch es geht, den am letzteren interessierten Bürger zu jenem Politiker macht, dessen Hauptmotiv der Mißbrauch und die antibürgerliche Praxis zum ausschließlichen Eigenvorteil sei. Niemand sollte bei einer derartig negativen Begriffsbelastung dennoch außer Acht lassen, daß das zugrunde liegende griechische Adjektiv "politikós", hergeleitet vom griechischen Wort "polítes", das meint den Stadt- bzw. den Staatsbürger, abstammt.

Politisch handeln, denken oder im Selbstverständnis gar Politiker zu sein, kann im besten antiken Sinne gleichwohl als identisch mit dem Streben nach jenem Einfluß und jener Position in der Gesellschaft sein, die den Nutzen und die Stärke bürgerlicher Existenz wahrt und sichert, ohne die Grundimplikation der Bürgerlichkeit, eben politisch handeln zu können, jemals in Frage zu stellen.

Am Beispiel jener berühmt gewordenen Worte von Carl von Clausewitz "Der Krieg ist eine bloße Fortsetzung der Politik mit anderen Mitteln" (Vom Kriege I, 1,24) läßt sich sicher das zu Beginn ausgesprochene Unbehagen fast nahtlos anheften.

Doch ließe sich mit noch größerer Genauigkeit viel eher die Feststellung glaubhaft solchem Denken und solchen Schlußfolgerungen entgegenhalten, daß dort, wo welcher Krieg oder welche andere entfesselte Gewalt auch immer die Bühne betritt, die Politik außer Kraft gesetzt ist und vor allen Dingen, daß Politik spätestens an dieser Stelle sträflich versagt haben muß.

Dunst

Der Dunst gleicht dem Nebel und dem Rauch, und er trübt den Blick und verzerrt die Konturen und die Perspektiven eines wirklichkeitsdeckenden Kurses. Er verschleiert und er lenkt ab vom eingeschlagenen Weg und führt nicht selten Desorientierung und Verwirrung in seinem Gefolge. Aus quellenden Dämpfen und wirbelnden Feldern ungewisser Herkunft und wässriger Beschaffenheit gebären und erschöpfen sich an unbestimmbaren Orten jene nebelkonsistenten Felder, welche sich später zu den sattsam vertrauten Dunstglocken von amöber Gestalt heranbilden und nur im Quadratkilometer messenden, landschaftsverschlingenden Wallen und in wirbelnden Feldern, die, großen Wolkenbänken gleich, riesige Gegenden mit Hof und Haus, mit Mann und Maus und Wald und Feld und nicht zuletzt mit Hügeln und Gebirgen eng umschließen, sich dem Auge des Betrachters entziehen.

Sichtbar oder nicht könnte doch langsam der Eindruck entstehen und mit ihm die Erkenntnis wachsen, es wäre dieser Dunst und Nebel, der das schwindende Begreifen und die mangelnden Korrekturen allgemein politisch und gesellschaftlich entuferter Auswüchse und ihre zunehmend geradezu als historisch zu bezeichnenden Verhältnisse nicht nur stützt und leitet, sondern, von tiefen menschlichen Absichten motiviert, antreibt und so mit wachsender Geschwindigkeit einer wahrscheinlich unakzeptablen Zukunft entgegensteuert.

Ein Traum

Es war der Pastor, Prediger und Bürgerrechtler Dr. Martin Luther King (1929-1968), der am 28. August 1963 anläßlich einer Rede, welche er beim Marsch auf Washington für Arbeit und Freiheit beim Lincoln Memorial in Washington, D.C. vor rund 250.000 Menschen gehalten hat, den bekannten Ausspruch, und nicht folgenlos, mit den indessen weltberühmten Worten in das Bewußtsein der Menschheit getrieben hat: "I have a dream."

So hat er auch seinen Anteil daran, daß diese seine Worte bis heute gerne und allzu leichtfertig mit der eher zur Bedrohung anwachsenden Weltmacht identifiziert werden.

Hätte Martin Luther King jedoch gleich den Begriff Alptraum verwendet, so würde er, wie vieles andere auch, ebenso konsequent, nachhaltig und folgenschwer verschwiegen werden.

Brechende Mauern

Bereits in den 1950er Jahren wurde den Menschen vornehmlich in Europa nicht nur von einem sozialkritischen Rufer in der Wüste der Kenntnismängel und der Gleichgültigkeit geradezu eine Flut von Flucht und Notwanderungen aus den Zonen fortwährend wirtschaftskolonialisierter Kontinente und Nationen als den Umständen entsprechend unvermeidlich vorausgesagt.

Der Strom der Flüchte hatte schon immer ein Flußbett und eine Richtung, die sich nicht nur verankern in den immer gleichen kritikwürdigen Bedingungen offensichtlicher Besitz-, Ausbeutungs- und militärischer Unterwerfungsverhältnisse, sondern sich auch aus dem steten Streben der europäischen und amerikanischen waffengestützten Vorherrschaft über das Wohl und Wehe wie dem Werdegang aller übrigen Kulturen ergeben mußten.

Solche diese Zustände aufrecht erhaltenden und durch defensiven Gewaltzuwachs gekennzeichneten Strukturen müssen bei allem Erfolg und Geschick und trotz massiver Militärpräsenz der Profiteure gerade zu dem Phänomen eines immer schneller anschwellenden Stromes in den Westen dringender Menschen führen, die sich, zunehmend von Hunger, Ausbeutung, Mangel und Gewalt getrieben, an den Mauern westlicher Gegenwehr wiederfinden.

Folgende Befürchtungen der Reichen und Satten wenigstens erweisen sich spätestens dann als nur allzu berechtigt und werden in einem bedrohlichen Fazit eines der frühen Standardwerke zu diesem Thema, zum Beispiel "Die Verdammten dieser Erde" von Frantz Fanon, sinngemäß zusammengefaßt: "... wenn diese dann drängen und am Ende über die Grenzen stürmen, die Armen und Hungernden aus den unterdrückten Regionen der Erde, warum sollten sie sich nicht nehmen, was sie kriegen können, und weshalb sollten sie dann auf irgendetwas verzichten?"

Recht und Gesetz

Ohne Rechtsprechung und gültige Gesetze wird den Menschen jede Gesellschaft zum schmatzenden Sumpf maßstabsloser Zufälle und zur Perspektive unbarmherziger Willkür.

Demgegenüber wäre dann die zivile Verkehrstüchtigkeit allgemein anerkannter Gesetze und unumstößlicher Regeln wenn auch als Aussicht auf qualitative Beliebigkeit endlicher Rechtsprechung doch eine wahre Wohltat befriedeter Lässlichkeit und sicherer Gewährleistung damit kalkulierbarer Gewalt und gut sanktionierter Freiheit vorherrschender Absichten und sozialer Positionen der Inbegriff geschichtlichen Fortschritts.

Kann das Privileg und die Gewißheit rechtsstaatlich organisierten gesellschaftlichen Kräftemessens und die Handhabung sozialer Gegenseitigkeit denn eine bessere Begründung und eine lohnenswertere Wichtigkeit präferieren als die Absehbarkeit und die fraglose Gewähr, auf diese Weise wenigstens eine sonst indifferente Gewalt nicht nur verwertbar und produktiv gestaltet, sondern entuferte Kräfte und chaotische Verhältnisse zu der uns heute vertrauten zivilen Blüte gebracht zu haben?

Recht so?

Im Gleichwurf eines übergreifend unerklärlichen Konsenses in der allgemeinen Berichterstattung und kurz angebundenen Ereignisbewertung erfuhren die Hörer, Leser oder Zuschauer durch ihre Informationsdienstleister zunächst von dem gescheiterten Zugriff auf einen von den Ermittlern als Gefährder klassifizierten verdächtigen syrischen Flüchtling namens Dschaber al-Bakr am Samstag, den 08.10.2016.

Behelfs eines auf der Hand liegenden Fahndungsdrucks und des Kommissars Zufall wurde Dschaber al-Bakr laut Pressemeldung am Montag, den 10.10.2016 von eigenen Landsleuten gestellt, überwältigt und als Fesselpaket den Fahndungsbehörden übergeben. Mit der Spitze gischtschäumenden Triumphes und lobhudelnder Selbstbeweihräucherung traf dieser mediale Tsunami auf die gut präparierte Küstenverteidigung informationskompatibler Nachrichtenkonsumenten und eines alles verschlingenden Sensationspublikums.

Die Todesnachricht am Mittwoch, den 12.10.2016 (laut dpa) aus der Untersuchungshaft und dem bereits fast als Tatsache kolportierten Suizidverdachtes rundet mit geradezu vorauseilender Selbstvergewisserung die dramaturgische Verdaulichkeit dieses nahezu gelungenen Verstoffwechselungsphänomens zwischen Informationsträgern und Öffentlichkeit trotz vieler offener Fragen fast fugenlos ab.

Muß der Mensch am Rande der Gesellschaft stehen, um sich des Verdachts eines fast gezielt leichtfertigen Umgangs mit den demokratisch rechtsstaatlichen Ansprüchen unserer Gesellschaft nicht mehr erwehren zu können, welcher sich über stigmatisierungs- und vorverurteilungsmechanisierte und nicht zuletzt auch mediale Installationen durchzusetzen scheint?

Wenn ...

Wenn endlich alle rank und schlank sind, das Rauchen von Tabak nur noch zur Geschichte des Menschen gehört, seine Produktivität dagegen ins Unermeßliche gestiegen und jede Abweichung vom Wohlverhalten nur noch als Patina längst vergangener Zeiten existiert, die Menschen jedoch gleichwohl zerbrechen und sterben, erkranken und leiden und der Gewalt der gesellschaftlichen Instanzen so einseitig und umfassend ausgeliefert sind wie ehedem, wenn die unerfüllten Versprechen und Verheißungen, die den Menschen ebenso vollmundig wie großspurig gegeben wurden, so nach und nach auch ihre Herzen und ihr Denken wie eine Bombe aufladen, welche Ausrede der Vertreter, Profiteure und Administratoren dieser fortentwickelten Ordnung in Anbetracht ihrer offensichtlichen Absicht und Schuld sollte jene dann noch retten können?

Morgenrot des Präsidenten

Vergessen wir den Streit von gestern
und schützen lieber unser Land
wie vormals in den Edelwestern
mit Cowboyhut und Lassohand
gegen die Armen, Hungernden und Kranken,
und weisen sie noch vor den Grenzen
brutal erbarmungslos in ihre Schranken
und bringen uns're Welt zum Glänzen.

Unser Waffenarm zum Feinde
streckt sich auch zu den Freunden hin
der Antiterrorkriegsgemeinde,
für jeden besser, er bleibt drin.

Und alle werden sie belohnt,
wenn sie nur recht dazugehören,
und dem, was über ihnen thront,
die Treue der Vasallen schwören.

Wir werden dafür die Befehle
verträglich und empfindsam geben,
aus kreidesanfter Raubtierkehle
und einen guten Ton anstreben.

Welche Freiheit wär' zum Schluß
in der Welt wohl zu verbreiten,
als daß alles bleiben muß,
Feinde rennen, und wir reiten.

Fit und produktiv - die Gesundheit als Herrschaftsanspruch

Wenn die Profitgesellschaft mit ihren repressiven Ausbeutungsmechanismen dem Menschen schon von seiner Geburt an die Freiheit, seine Gesundheit und sein Recht auf Selbstbestimmung raubt, kann sie ihren Gewinn nur noch steigern, indem sie seinen systemgenerierten und folgerichtigen Verelendungen und Erkrankungen auch noch die notwendige prothetische Unterstützung, d.h. die medizinische Versorgung, verweigert. Indessen bemüht sich diese Gesellschaft, den Menschen auch noch von Anbeginn zu einer angeblich richtigen Ernährung und zu vermeintlich gesunden Bewegungsritualen, sportwissenschaftlich sortiert und über anerkannte Leistungskriterien kontrolliert, zur industrieadaptiven Gefangenschaft zu konditionieren. So spart die Gesellschaft nicht nur die notwendigen Kosten ihrer dann nachhaltigen Menschenausbeutung und -versklavung, sondern reduziert durch die folgerichtigen lückenloseren Pflichterfüllungen und Daueranforderungen die Gefahr verbleibender oder anwachsender Kraftreserven und Verfügungskapazitäten des Menschen, seinen Widerstand zu organisieren, auf ein beherrschbares Maß.

In diesem System ist es der möglichen Widerspruchstransparenz wegen natürlich ausgeschlossen, daß alle mit den Attributen der gesunden Ernährung und Lebensweisen beurteilten vornehmlich jungen Menschen, welche die Schlankheits- und Beweglichkeitskriterien der medizinischen DIN-Norm weitreichend erfüllen, die gleichwohl jedoch herz-, kreislauf-, stoffwechsel- oder anderswie erkrankt sind, statistisch angeführt und entsprechend zugeordnet werden, es sei denn, die medizinischen Allmachtsregeln vermöchten ihnen ein unproduktives Fehlverhalten nachzuweisen.

Was kann aus dem erpreßten Elend und Schrecken des versklavten, d.h. gehorsamen Menschen denn auch sonst herausgeholt werden als die Angst vor fortgesetzter Erpreßbarkeit und der Schlagkraft eines undurchschaubaren Systems?

Echt fett

Ein fettes, kleines Menschlein,
das suchte einen Job
und kam nicht durch das Tor rein,
denn man verjagt' es grob.

Daß es erstmal gesunde
und abnimmt und nicht raucht,
die vielen kranken Pfunde,
die die Fabrik nicht braucht.

Dann endlich kam es wieder,
gesundgeschrumpft und fit,
ließ sich am Fließband nieder
und hielt mit allen Schritt.

Dort sitzt es auch noch heute
und fühlt sich pudelwohl
als die Maschinenbeute,
Normalprofil und hohl

Ersatzlos

Im Schatten wachsenden Sozialabbaus und dem qualvollen Sterben demokratischer Errungenschaften sowie dem klaglosen Scheitern humanistischer Vernunft erscheint uns das Jahresende mit seinen Weihnachtsfesten und Konsumfreuden überladen, überdeutet und krank. Es gleicht einem leeren Versprechen.

Die einzige Ermutigung ist wohl die Gewißheit, daß Versprechen doch nur leer sein können und daß in Anbetracht dessen auch nur das Kleinste, was es zu tun gibt, keinen Aufschub und kein Zögern duldet. So könnte das Kleinste, was wir tun, schon zur Lösung jenes Knotens beitragen, über den sich die Fesseln gesellschaftlicher Fremdbestimmung, unaufrichtiger Anpassung und feiger Ignoranz zum geballten Selbstbetrug zusammenschnüren. Soll doch das Fest der Liebe und Freude in der Versenkung verschwinden, wenn das, was wir vorgeben zu feiern, darüber längst verlorengegangen ist.

Kehrwert

Deutsche Soldaten werden in einem weltweiten Krieg gegen unterschiedliche Staaten, Völker und Systeme sukzessive über den Erdball verteilt, einem Krieg, den die Vereinigten Staaten jedem, der nicht mit ihnen kooperiert, erklärt haben gegen einen Feind, der willkürlich und beliebig adressiert werden kann. Die Neuordnung der Welt bekommt ihr militär- und sicherheitspolitisches Gesicht.

Kaum nennenswert dagegen die Gegner dieses Krieges, nur allzuwenig publiziert ihre Argumente. Auch auf der Straße und an den traditionellen Plätzen finden sich nicht mehr die friedensbewegten Massen früherer Tage zu eindrucksvollen Demonstrationen und Aktionen zusammen. Wer bei verstreuten Veranstaltungen auf die wenigen Überreste noch immer überzeugter Kriegsgegner diese nach ihrer politischen und gesellschaftlichen Relevanz fragt, trifft auf resigniertes Achselzucken und skeptische Ernüchterung. Wer sollte es schon wagen, gegen die Anti-Terror-kampagne zu sein, oder wer wäre in der heutigen Zeit nicht schnell in der Lage, auch gerade wegen friedensbewegter Überzeugungen oder antiimperialistischer Positionen nicht die absurdesten und irrationalsten Verdächtigungen auf sich zu ziehen?

Doch die Gerechtigkeit hat ihren eigenen Kehrwert.

Noch mehr zu unterdrücken, zu unterwerfen, zu kontrollieren, zu sichern und zu legalisieren durch jene Kräfte und Mächte, die das schon immer taten, ist der mutlosen und mit kraftzehrenden Überlebensproblemen befrachteten Welt nur allzu widerstandslos und leicht mit einer pseudoreligiösen Mission, nämlich der Jagd auf den Terror, unschwer aufzuzwingen. Die Frage, wie etwas als Terror bezeichnet werden sollte, wenn es gejagt und gerichtet werden kann, bleibt dabei allerdings unbeantwortet.

Es gibt so viele Fragen, denen der Schattenblick engagiert und entschieden nachgehen will, um ihnen Platz und Entfaltung im Denken und Fühlen eines jeden daran interessierten Menschen zu verschaffen und nicht nur die Erinnerung, sondern auch die Praxis menschlichen Mutes, Tatendrangs, menschlichen Erfindungsreichtums und menschlicher Widerstandskraft wachzurufen und zu unterstützen.

Denn wir wollen nicht an bessere Sicherheitsvorkehrungen, größere Kontrolle und eine zunehmende Einschränkung der Bürgerrechte glauben, sondern an den Menschen.

Rot verblaßt nie

Rot ist eine zornige Farbe und ein starkes Signal; umso mehr, als daß ihr Leuchten in den Spalten und Rissen einer gesellschaftlich anpassungsdynamischen Gesamtentwicklung vollends zu versickern droht.

Es scheint sogar so, daß unter dem Einfluß und dem wachsenden Zwang neoliberaler und neoimperialer Neuordnung der menschlichen Lebensvoraussetzungen nach und nach alle Farben ihre Vollständigkeit verlören. Niemanden wundert es deshalb wirklich, wenn er sich - von seiner Fähigkeit zur Rückbesinnung und damit vom Kern seiner Selbstbestimmung und Unbestechlichkeit entfremdet und verdrängt - im kochenden Sud umfassendster Verfügbarkeit und quälendster Beliebigkeit wiederfindet.

Rot ist eine starke Farbe. Vor allen anderen steht sie für die Stärke des Menschen, sich zum Morgen des Aufbruchs einfinden zu können, um auf viele andere mit einer neuen Geschlossenheit zu treffen, deren Blut bei all dem trüben Licht und der schlechten Luft doch rot geblieben ist.

Konvulsorisches Dauerthema
Generationenvertrag

Es kann doch nicht oft genug an den Raub- und Zwangscharakter der Sozial- und Krankenversicherungsbeiträge mit ihren unverschleierten Scheineigenschaften gesellschaftlicher Erfordernisse und individueller Ansprüche erinnert werden.

Nach dem Motto "ein nicht unterschriebener Vertrag kann auch einseitig gebrochen werden", soll der auf den Kopf gestellte Generationenvertrag unhinterfragbar auch von Zeit zu Zeit dafür sorgen, daß unsere Enkel den immer gleichen Betrug auf ihren Füßen weitertragen können. Sind nicht solche Scheinverträge nur Hilfsmittel und Werkzeuge, damit sich Prognose und Bilanz einer auf Vorteil und Gewinn orientierten Produktionsweise stets zu ihrer gnadenlosen Deckung bringen lassen?

Die Schattenblickredaktion möchte sich und ihre Leserinnen und Leser noch einmal deutlich daran erinnern, daß Kräfte und Reserven nicht nur zum endlichen Verbrauch geeignet sind, sondern besser in Erfüllung eigener Interessen und Ansprüche ihren kämpferischen Ausdruck finden können.

Welche Zukunft, bitte sehr,
soll das für die Enkel sein?
Geben wir die uns're her,
machen wir auch ihre ein!

Daneben

Wenn von den offenen Armen einer toleranten und aufnahmebereiten Gesellschaft die Rede ist, dann schwingt dennoch ausgesprochen oder unausgesprochen die Übergriffigkeit und die Aneignungsabsicht ihrer wohlmeinenden Hände mit.

Bei der Forderung nach Integration gilt es doch, der Furcht vor dem Nichtvertrauten und Unbekannten mit der Selbstbehauptungsgewalt einer Freßzelle zu begegnen. Die Berechtigung dafür schöpft sie aus der Konstruktion jenes Zielobjektes, das wir als die sogenannte Parallelgesellschaft kennen. So wird ein Urfeind aus der Taufe gehoben, denn der Sektenbegriff und der Terrorismusentwurf indessen haben sich als unzureichend bei der Mühe erwiesen, ein gesellschaftliches Reinheitsgebot geltender Werte zu schmieden bzw. zu postulieren, ein Reinheitsgebot allerdings, das sich zur Verteidigung der herrschenden Verhältnisse ebenso eignet wie zur Abwehr ihrer essentiellen Infragestellung.

Es scheint deshalb geradezu zwingend, gleichermaßen die Kriegserklärung und den kompromißlosen Angriff auf die sogenannte parallele Gesellschaft in all ihren Erscheinungsformen oder Voraussetzungen zu einem Kernanliegen gesellschaftlicher Selbsterhaltung zu erheben.

Welcher Skatclub träte da nicht lieber gleich rechtzeitig dem Deutschen Sportbund bei, und welches regelmäßige Treffen befreundeter Hausfrauen oder Familien meldete sich nicht vorsorglich und schnellstmöglichst als gemeinnützige Initiative mit dem Status des eingetragenen Vereins beim entsprechenden Verwaltungsregister an, um mindestens zukünftig den Verdacht oder das Mißverständnis paralleler Aktivitäten sicher auszuräumen?

Laßt sie sprechen

Das Desaster aus bigotter Arroganz und infantiler Selbsttäuschung medialer Gleichschaltung und politischen Größenwahns hat sich die deutsche Gesellschaft dieser Tage selbst zuzuschreiben, die sich vom nachvollziehbaren Zorn türkischer Mehrheiten durch das scheinbefriedete Dorf geplatzter Interessengemeinsamkeiten und sozialer Flurschäden größten Ausmaßes getrieben sieht.

Könnte nicht die kontinuierlich verlogene Zurückweisung einer geladenen und gerufenen Türkei über viele Jahre mit der so satten Doppelmoral und konfliktfeigen Unaufrichtigkeit eines an guter Verkaufsatmosphäre interessierten Europas in der Maske der naserümpfenden deutschen Diplomatie das Maß der Beleidigung besten Willens, guter Absichten und politisch wachsamer Intelligenz einer historisch gewachsenen und durch viele Erfahrungen begründeten türkischen Empfindlichkeit das Faß zu Überlaufen gebracht haben, welches wir auf der satten Seite des Verhandlungsverlaufs immer noch vornehm zu beklagen suchen?

Ist das Bestreiten der grundlegenden Regeln und die Verweigerung der damit

verbundenen simpelsten aller Vorausset-
zungen demokratischen Selbstverständ-
nisses auf freies Rederecht nicht vielmehr
der Ausdruck einer allzu begründeten
Furcht vor Entlarvung und der offen-
sichtlichen Hilflosigkeit ihrer Bewälti-
gung einer der Gründe für die aus dem
Ruder gelaufene Situation?

Stellt euch doch der Selbstverständlich-
keit, wenn auch in kleidsamster Steifheit
scheineuropäischer Anliegen, nicht mehr
in den Weg, auf türkischen Wahlveran-
staltungen in Europa freie Rede zu ge-
währleisten und füllt endlich das hohe
Versprechen europäisch-demokratischer
Ansprüche mit Leben.

Ein Feigenblatt
des Demokratieabbaus

Linksextremisten-Aussteigerprogramm integriert und eingebürgert

Zum immer noch gültigen Aussteigerprogramm für Linksextremisten das Zitat aus der offiziellen Seite des Bundesamts für Verfasssungsschutz:

Das Aussteigerprogramm Linksextremismus des Bundesamtes für Verfassungsschutz (BfV) ist ein Beitrag zum Maßnahmenkatalog der Bundesregierung gegen Extremismen jeder Art und Gewalt und für mehr Toleranz und Demokratie. Damit ist es Teil des ganzheitlichen Ansatzes zur umfassenden Auseinandersetzung mit allen Erscheinungsformen des Extremismus. Das Programm richtet sich an Personen, die sich dazu entschieden haben, sich aus dem Einflussbereich linksextremistischer Strukturen zu lösen, den Ausstieg jedoch aus eigener Kraft nicht schaffen.
(Stand: Oktober 2011) (1)

Eine Aussage wie der Begriff des "Extremisten", einmal in Umlauf gebracht, selbst wenn sie sprachgebräuchlich wird, muß nicht zutreffend und damit legitim sein, wenn ein entsprechend übereinstimmendes Votum anerkannter Wissenschaften, vornehmlich jedoch sämtlicher daran beteiligter und davon betroffener gesellschaftlicher Gruppen und Institutionen fehlt.

Mit dem Extremismusbegriff wird offenbar eine beliebige Handlungsrichtlinie zur Anwendung gebracht und es ist unverzichtbar, von Zeit zu Zeit damit zwingend verbundene Bedenken abermals und wieder aufzuwerfen und Fragen zu stellen.

Für die Leser des Schattenblick nun haben wir uns in diesem Zusammenhang zunächst einmal auf drei Fragen beschränkt, in der Hoffnung, zum besseren Verständnis und zur Aufklärung darüber beitragen zu können, in welche heikle Lage die Menschen manövriert werden, wenn sie ein solches Aussteigerprogramm für sich in Anspruch nehmen, oder was es für jene Menschen bedeuten kann, die als Generalverdächtigte der zweifelhaften Ausstiegsprogrammkampagne zurückbleiben und den damit unzumutbaren Folgen und Begleiterscheinungen ausgesetzt sind.

Fragen:

1. Was genau ist ein linksextremes Umfeld, aus dem per staatlich sanktionierter Definition und mit Hilfe regierungsamtlicher Mittel auszusteigen erforderlich sein sollte?

2. Mit welcher genauen Legitimation werden alle Kommunikations- und Integrationszusammenhänge womöglich unter den Extremismusverdacht gestellt, die mutmaßlich nichts anderes tun, als mit demokratischen Absichten ihren tradierten und zukunftsorientierten Denk- und Diskussionsleistungen zu Themen der Reichtumsverteilung, der Gewalt und den Vorherrschaftsverhältnissen Ausdruck zu verleihen?

3. Insoweit es staats- oder gesellschaftsgefährdende oder auch allgemein bedrohliche Aktivitäten, Praktiken oder Strukturen mit einem kriminellen Zweck betrifft, erscheint doch das Strafgesetzbuch zureichend zur Inangriffnahme damit verbundener Gefahren. Gibt es auf eine Mutmaßlichkeitsbegründung wie der des weder wissenschaftlich noch im gesellschaftlichen Konsens gesicherten Extremismusbegriffs tatsächlich eine verfassungsrechtlich legitimierte Ermächtigung

staatlicher Eingriffsmöglichkeiten wie die des hier noch einmal thematisierten Aussteigerprogramms für Linksextreme?

(1) https://www.verfassungsschutz.de/de/arbeitsfelder/af-linksextremismus/aussteigerprogramm-linksextremismus)

Kirchentag bigott

Die wohl medienwirksamsten und populärsten Redner des evangelischenKirchentages im Jahre 2017 waren mit Abstand der US-amerikanische Ex-Präsident Barack Obama und Bundeskanzlerin Angela Merkel. Ihr gemeinsamer Auftritt auf einer christlichen Großveranstaltung, dem Frieden und einer besseren Welt gewidmet, akzentuiert die Verkehrung der Werte, welche die Christenheit im allgemeinen und hierzulande im besonderen für sich reklamiert.

"Weit mehr als 500-mal genehmigte US-Präsident Barack Obama den Abschuss tödlicher Drohnen auf mutmaßliche Terroristen." Dabei spricht Obama von "nur geringen Kollateralschäden", also vergleichsweise wenig zivilen Opfern. Laut *The Guardian* vom 24.11.2014 starben allein bei 34 Angriffen 1.147 Menschen. (1) Nach einer Schätzung der amerikanischen Denkfabrik Council on Foreign Relations waren es ungefähr 500 Drohnenangriffe außerhalb Afghanistans und des Iraks, bei denen insgesamt 3.674 Menschen getötet wurden. (ZEIT ONLINE vom 1.12.2014, "Obamas unerklärter Krieg" von Martin Klingst) (2)

Ohne rot zu werden, erklärt der Drohnenkrieger und Ex-Präsident laut ZEIT ONLINE vom 25.5.2017: "Manchmal haben meine Entscheidungen zum Tod von Zivilisten geführt, weil es Fehler gab. Drohnen selbst sind nicht das Problem, das Problem ist der Krieg." (3)

In einem einzigen Punkt allerdings kann dem Ex-Präsidenten, wenn auch nur mit großen Sorgenfalten auf der Stirn, rückhaltlos zugestimmt werden. Er stellt fest: "Wenn wir Leben so gering schätzen wie unsere Gegner, verlieren wir". (3)

(1) https://www.theguardian.com/us-news/2014/nov/24/-sp-us-drone-strikes-kill-1147

(2) http://www.zeit.de/politik/ausland/2014-12/usa-drohnenangriffe-obama

(3) http://www.zeit.de/gesellschaft/zeitgeschehen/2017-05/deutscher-evangelischer-kirchentag-barack-obama-angela-merkel (dpa, AFP, akg)

Bock zum Gärtner

Globales Kräftemessen und regionaler Verlust von Lebensperspektiven, Sicherheiten und Kultur und gelegentlich die Infragestellung von Zivilisation und Rechtstaatlichkeit, insbesondere im Nahen Osten, auf dem afrikanischen Kontinent sowie in manchen asiatischen Ländern, beunruhigt im wachsenden Maße die Menschen und läßt den Ruf nach staatlichen Instanzen und besseren Gesetzen geradezu anschwellen. Die zunehmende Unsicherheit und die damit einherlaufenden Orientierungsnöte lassen Recht und Ordnung, starke Instanzen und strenge Gesetze wieder attraktiv erscheinen, und das Populismusphänomen sucht und findet immer mehr Angriffsflächen.

Von alters her aber war die Rechtsprechung, ihre Begründung und das Privileg ihrer Praxis durch die jeweils Herrschenden beziehungsweise Könige und Führer auch das Ende der Möglichkeit, eben diese tatsächlich zu hinterfragen. Fast könnte angenommen werden, daß in diesem Zusammenhang endlich der Bock zum Gärtner gemacht worden wäre, ebenso wie Recht, auf Unrecht basierend und aus ihm hergeleitet und genau dessen Identität verschleiernd, auch eine hervorragende ultima ratio zum Zweck der bloßen Herrschaft und ihrer Deutung mit entgegengesetzten Vorzeichen ist.

Warum also sollte da noch der Bock zum Gärtner gemacht werden, wenn es doch hinsichtlich des Gartens und seines Gebrauches gar keinen wirklichen Unterschied zwischen den beiden geben kann? Recht und Unrecht als der Fadenschein ihrer eigentlichen Funktion und ihrer tatsächlichen Identität schließt natürlich fundamentale Fortschritte, Entwicklungen und Korrekturen gegenüber ihren wahren Motiven und aller damit verbundenen Behauptungen vollständig aus.

Gut und Böse, Bock und Gärtner als die Formel sich gegenseitig in Frage stellender oder widersprechender Positionen wird dann wohl auch kaum zur Überwindung und Bewältigung bestehender Widerspruchslagen und Unterdrückungsverhältnisse beitragen.

Deutsch-türkischer Bruderstreit

Zwei Brüder streiten sich beim Spiel. Die Leidenschaften und die Resignationen vieler Jahre sind mit den Händen zu greifen. Dem jüngeren der beiden stehen bereits die Tränen in den Augen, als er den älteren anschreit und zetert: "Immer nimmst du mir alle meine Murmeln weg, du Klauer. Und nur, weil du sie für dich haben willst, gibst du mir keine Murmel ab und vergißt einfach, daß du mit mir Murmeln spielen wolltest, obwohl du es doch versprochen hast. Ich kann doch auch so keine gewinnen, wenn du einfach sagst, sie gehören jetzt alle dir."

Der große Bruder zögert künstlich und stolziert mit geschwellter Brust vor einem unsichtbaren Publikum mal auf die eine und mal auf die andere Seite der Sandkiste und verkündet laut, nachdem der kleinere endlich ungeduldig mit Sand zu werfen beginnt, in der Pose des Beleidigten und Eingeschnappten: "Da siehst du es, man kann sich nicht auf dich verlassen, du krakeelst ohne jeden Grund herum und schmeißt auch noch mit Sand nach mir. Ich lasse dich jetzt einfach hier und nehme dich nicht mit nach Hause. Sieh also selber zu, wie du an den anderen Jungen vorbeikommst."

Es bleibt dem Kleinen wohl nichts ande-
res, als seine Spielzeugschaufel fest in bei-
de Hände zu nehmen und brüllend auf
die hämisch erwartungsvoll am Rande
stehenden Kameraden des Älteren einzu-
stürmen mit dem vergeblichen Mühen,
sie wenigstens einzuschüchtern.

Den Älteren aber greifen sich dieselben
Freunde sofort danach, um ihn mit der
Erklärung zu vertrimmen, daß es sein
kleiner Bruder war, von dem sie ohne je-
den Grund mit seiner Kinderschaufel an-
gegriffen wurden.

Die Wertegemeinschaft

Immer wieder wird sie beschworen, die Wertegemeinschaft, als das dem Bestehenden und Übrigen gegenüber gültige, zielstrebende und mit Gewißheit sich durchsetzende, höchst erstrebenswerte und fortwährende Phänomen zukunftsabonnierter Staatsformen und Gesellschaften.

Eine immanente und positiv offensive Selbstbehauptungsdynamik wird dieser Erscheinung, tief gegründet und verwurzelt in vermeintlich verwandtschaftlichen Anschauungen und Verhaltensweisen, der Wirklichkeit gegenüber wie selbstverständlich zugeschrieben.

Weil sich der Begriff "Wert" auf etwas Zukunftsträchtiges und folglich Beständiges bezieht, kann es sich nur um eine Behauptung oder ein Versprechen handeln, das Unterschiede, Rechte und Vorherrschaften zu erklären und zu deuten versucht.

Ausschließlich darin mag das Gewicht irgendwelcher Werte von wem auch immer für eben jene sonst vielleicht kaum durchschau- und vorhersagbaren Interessen reklamiert und besetzt werden.

Wäre es da nicht zutreffender und aufrichtiger, statt dessen von der Struktur einer Interessengemeinschaft zu sprechen, welche sich in einer vorteils- und nachteilsbestimmten Realität lediglich die optimale Wechseldisposition nach innen und nach außen freihielte und schwer vorhersehbar und beliebig mit einer absehbar erfolgversprechenden Rechtfertigung das Substanziellste und Beste für sich zu sichern verstünde?

Posten und Diäten

Es strecken sich Gräten,
vermarktet auf Wahlen,
nach Amt und Diäten
mit Anpassungsqualen
für Posten, Moneten
und vollsatte Schalen
auf des Volkes Rücken,
nur um es zu plagen
mit Arbeit und bücken,
die Folgen zu tragen
in Fesseln und Ketten,
mit Kindern und Müttern
die Zügel zu fetten
und Gräten zu füttern.

Guantanamo Erlaß

Und willst du nicht mein Bruder sein,
fahr ich dich in Guantana ein.

Behelfs des frisch unterschriebenen Erlasses, unter anderem begründet mit den Ereignissen vom 11. September 2001, das von seinem Vorgänger Barack Obama sukzessiv verkleinerte und in Frage gestellte Folter- und Übergriffsgefängnis Guantanamo Bay auf Kuba aufrecht zu erhalten, bekennt sich der seit einem Jahr im Amt befindliche Donald Trump zu dem auf Atombombenüberlegenheit und technisch-militärische Bevorteilung gestützten Anspruch der Vereinigten Staaten von Amerika, fortgesetzt dem Rest der Welt seinen Willen gegebenenfalls aufzwingen zu können.

Mit seiner "America First"-Kampagne hat Donald Trump zu diesem Thema, verknüpft mit seinem rauschenden Wahlerfolg, sein erstes und sinnträchtigstes Eisen eingeschlagen und damit begonnen, die Karten neu zu mischen in einem uralten Spiel. In einem Spiel, dessen einzige Regeln es begünstigen, unter anderem den Eindruck aufrecht zu erhalten, es gäbe andere nennenswerte Gefahren für die Vermögenden, die Herrschenden und die Nutznießer der allgemein durch Gewalt und Raub zusammengetragenen und künstlich legalisierten Besitzverhältnisse sowie für den Staat und die Gesellschaft als diejenigen, durch den Zorn und das Aufbegehren von den auf diese Weise bestohlenen und geknechteten Mehrheiten plötzlich oder auch nach und nach vom Thron gefegt zu werden.

Schulzig in das Merkeljahr

Im O-Ton der ZDF-Sendung "Was nun?" vom 12.01.2018 um 19:30 Uhr sagte Martin Schulz auf die Frage, ob seine Aussage noch stimme, "dass er nicht in ein Kabinett von Kanzlerin Angela Merkel (CDU) eintreten werde: 'Frau Merkel hat auch mal sehr eindeutig gesagt, die SPD ist auf lange Zeit nicht regierungsfähig.' - Schulz habe nach der Bundestagswahl gesagt: 'In eine Regierung von Angela Merkel werde ich nicht eintreten.'" (Quelle: dpa)

Offensichtlich von der Überraschung geritten, hat der so im Übermaß hochgejubelte Ex-Europaparlamentarier und derzeitige SPD-Vorsitzende Martin Schulz geradezu dramatisch vor aller Öffentlichkeit einen mithin für einen Politiker unnötigen und ausschließlich situativ bedingten Fast-Schwur getan.

Kann sich in diesen Zeiten denn nicht ein Mensch besser für die Aufgabe, entgegen aller seiner vorangegangenen Behauptungen nämlich, für den Posten gerade eines Außenministers der Bundesrepublik Deutschland empfehlen?

Opportunität in Wort und Tat sind ohnehin jene Handwerkszeuge und Grundtugenden, auf die ein Politiker schwerlich verzichten kann, sollte er sich tatsächlich einmal auf den Weg in die Hauptstadt Berlin machen. Sich nun darüber erheben zu wollen, dürfte bigott und anmaßend sein, denn es sind keine Minderheiten, von denen er gefeiert und gewählt wurde und im Zweifelsfalle auch wieder verstoßen wird. Folgt nicht der Politiker hingegen dann nur noch konsequent den ausgetretenen Pfaden und vorgeschriebenen Wegen, die ihm im Licht der Gewohnheiten und des Vertrauten als sicher und erfolgreich erscheinen, während die Präferenzen des Bewährten und Üblichen sich im Kalender der Wiederholungen schlußendlich verlieren und auflösen?

Mithin gestützt von ihren politischen Vorgängern und getrieben von ihren politischen Nachfolgern herrscht doch, aufs kürzeste formuliert, deshalb weiter wenigstens Ruhe im Land.

Friedhof in spe

Er wird und wurde wiederholt dem ehemaligen SPD-Vorsitzenden und Bundeskanzler von 1969 bis 1974, Willy Brandt, zugesprochen, jener indessen berühmte Satz: "Von deutschem Boden darf nie wieder Krieg ausgehen."

Abgesehen von bereits vielen Jahren praktizierter Beteiligungen oder Initiativen an diversen Angriffs- bzw. Überfallskriegen, welche die Bundesrepublik Deutschland bereits auf ihrem Konto sammeln sollte, hat die noch amtierende Regierung über ihre Verteidigungsministerin Ursula von der Leyen auch die jüngste Chance eines Sicherheitstreffens diverser Staaten Europas auf Nato-Ebene nicht ungenutzt gelassen, die Frage nach einer eigenständig getragenen europäischen Verteidigung und ihrem notwendigen Rüstungsaufbau gegen die mutmaßliche Gefahr einer russischen Bedrohung vor dem Hintergrund vermeintlich eklatanter Unterlegenheit an Technik, Waffen und Soldaten positiv und durch den Vorschlag, eine in Deutschland angesiedelte Kommandozentrale "für schnelle Truppen- und Materialtransporte" aufzubauen (dpa), vorauseilend zu beantworten.

Eilfertig, diensteifrig und von denkbar fremdesten Interessen geleitet, hat von der Leyen auf diesem Wege Mitteleuropa, und das heißt insbesondere die Bundesrepublik Deutschland, zum Schlachtfeld der Zukunft bestellt.

Sargnagel- und atomkopffrei wird doch nach langen weltbürokratischen Mißlichkeiten endlich jener nennenswerte Federstrich getan, der sich in allen seinen Folgen ausschließlich dazu eignet, großen, wartenden Mehrheiten hierzulande das Licht auszublasen und eben diesen möglicherweise eine fortgesetzte Beteiligung an der vollständigen Zerrüttung und Zerstörung der irdischen Existenz zu ersparen.

Liebesgrüße aus Ankara

Kaum jemand von denen, die durchschnittliche Medien in ihrem Gebrauch haben, nur um auf dem Laufenden zu bleiben, hat von Recep Tayyip Erdogan etwas anderes erwartet, als daß dieser despotische Politiker aus Ankara nicht nur seine Worte mit Panzern füllt, sondern auch die zugespitzten Verhältnisse und gesteigerte Explosivität auf die nächst höhere Stufe bringt.

Mit seinem Hinweis auf eine sogenannte osmanische Ohrfeige, welche jeder, ob Nato-Partner, Verbündeter oder Freund, zu erwarten hätte, stellte er sich dem einmal gewählten türkischen Angriff auf die kurdische YPG entgegen, hat Erdogan eine Botschaft losgetreten, die zuvor besser in das Erläuterungsgewand einer kulturspezifischen Übersetzung gekleidet worden wäre. Ausgerechnet die osmanische Ohrfeige kann doch als Bekenntnis verstanden werden, notfalls noch mit dem Aufwand der Erziehungszüchtigung dem Gegenüber durch eine mehr oder weniger schallende Ohrfeige anzuzeigen, daß hier eine sehr ernste Situation verhandelt werden muß. Dabei ist es die besondere Eigenart dieser einer vermeintlichen oder wirklichen Notlage geschuldeten Reaktion, dem Getroffenen Verletzungen und Gesichtsverlust zu ersparen wie in einem Streit unter Freunden.

Am Ende des Tages erfüllt die Türkei in ihrem Selbstverständnis und natürlich auch unter Wahrnehmung ihrer höchst eigenen Interessen die in sie gesetzte Erwartung und Pflicht, wenn auch übergriffig, Grenzen Europas und Positionen der Nato-Verbündeten zu schützen. Alle anderen Interventionsübungen (Ausbildungen, Waffenunterstützungen etc.) finden in Anbetracht der Verhältnisse in Syrien kein davon zu unterscheidendes und begründbares Legat als eben das jener panzerschmollenden Kräfte, die nicht zuletzt mit Hilfe deutscher Waffentechnik ihre Ziele suchen und finden. So gehen wir schlußendlich dann doch davon aus, daß sich alle Beteiligten außer den Getroffenen wieder zur Scheinsportlichkeit und zu verlogenen diplomatischen Ballspielen einfinden werden.

Der Islam gehört zu Deutschland?!

Bundesländer gehören zu Deutschland, das Reichstagsgebäude ebenso wie das Brandenburger Tor. Zu großen Teilen gehören auch der Rhein, die Elbe oder die Alpen zum deutschen Staatsgebiet, Hamburg, München, Berlin zum Beispiel oder Frankfurt am Main und Bonn. Und das sicher nur, solange dieses andere Menschen dem jeweiligen Selbstverständnis zugestehen. Also Gegenstände, Territorien und ähnliches könnten gegebenenfalls Menschen eines Sprachraums nur gehören, denen sie in Verbindung mit einer gesellschaftlichen Struktur oder Ordnung als Besitz auch zugesprochen werden.

Jedoch weder als Besitzstand noch mit anderen präferierten Ansprüchen gehören Menschen automatisch dazu, besonders als daß es bei welcher Hörigkeit oder bei welchem Gehorchen, sprich Horchen, auch immer doch auf die jeweilige und gewiß wechselbare Absicht oder Motivation des hörenden oder horchenden Menschen ankommt, welche er den entsprechenden Aufmerksamkeitssignalen entgegenbringt. Sie könnten genauso als Bedrohung und Grund, sich durch Flucht oder Gegenwehr entziehen zu müssen, verstanden werden wie als zugewandtes Interesse. In ihrer ursprüng-lichen, natürlichen Freiheit und Wechselhaftigkeit hören Menschen danach bestenfalls mit dem Motiv, entweder den Signalen zu folgen oder sich ihnen zu widersetzen.

Zusammengefaßt kann dementsprechend kein Mensch einer von ihm bevorzugten und praktizierten Religion gehören, noch könnte diese, ihrem grundlegenden Zweck folgend, Bestandteil eines staatlichen Anspruchs werden, weil mit Sicherheit nur jeder einzelne ihr nachzugehen bereit sein kann.

Harmagedon

Das immer schneller anwachsende und sich stets wiederholende Konfrontationsszenario zwischen den am Syrienkonflikt aus unterschiedlichen Gründen beteiligten Großmächten USA und Rußland droht sich, orientiert an gegenseitiger Bezichtigungspropaganda um angebliche oder tatsächliche Giftgasangriffe, zunehmend zu verselbständigen und sich dem Anspruch und den Möglichkeiten ihres taktisch-diplomatischen Gebrauchs vollends zu entwinden.

Bei der heftiger werdenden und bereits fortgeschrittenen Eskalation anläßlich der von allen Beteiligten induzierten syrischen Kriegslage scheint den Akteuren der Zugriff auf das notwendige Bremsvermögen am Beispiel eines weltkriegsgefährdenden Zusammenstoßes der globalen Großmächte fast verlorengegangen zu sein.

Eine sich selbst erfüllende Prophezeiung, welche die letzte große Schlacht zwischen den Himmelskräften und den Kräften des Bösen voraussagt und die im Nahen Osten, speziell in Palästina, ihren Anfang nehmen wird, gestützt auf den in der Offenbarung des Johannes im Neuen Testament verwendeten Begriff Harmagedon, würde auf perverse Art und Weise plötzlich Realität werden.

Gerade den religiösen Phantasien und intensivsten Träumen tiefgläubiger Christengemeinschaften in der ganzen Welt stellt sich die Frage nach dem Wohl und Wehe der restlichen Menschheit in Anbetracht ihres sehr speziellen christlichen Erlösungsglaubens eher nicht, insbesondere wenn dann noch das Jüngste Gericht mit im Spiel ist.

Ist denn in einer solchen Gemengelage die Menschheit dazu verdammt, jenes bizarre Schicksal aus Gottes Hand, heiß serviert von den Vereinigten Staaten von Amerika, die ausschließlich ihren eigenen Interessen Rechnung tragen, am Ende des Tages einfach nur hinzunehmen?

Krieg und Frieden

Es kann der beste nicht in Frieden leben, wenn es dem bösen Nachbarn nicht gefällt. Wer oder was aber sollte denn der Böse sein oder gar das Böse? Ist nicht bestenfalls die Zuschreibung des jeweils anderen die vertraute Lesart, die Welt und den Unterschied zwischen Krieg und Frieden zu erklären? In Leo Tolstois großem Roman "Krieg und Frieden" gibt es zumindestens Übergänge von einer zur anderen Position und natürlich zwangsläufige Vermischungen. Aber wie verteilt dort immer, wird auch da das Böse und demgegenüber das Gute, sprich Anständige, schlußendlich ausgemacht.

Diese Spannung und ihr ewiger Widerspruch haben seit jeher die Dramaturgie der menschlichen Erzählungen und Erklärungen beflügelt und offenbar überhaupt erst möglich gemacht.

Wenn Frieden und Friedlichkeit mit Wohlbefinden, Freude oder gar Freundschaft assoziiert werden kann, dann dürfte sein Bruch und durch mögliche kriegerische Gefahren bedrohtes Wesen doch nur darin vorbehalten sein, dem jeweils kriegerischen Nachbarn zum Beispiel mit der durch Besitzstandsverhalten und ausschließlichem Eigennutz verweigerten Teilhaberschaft an Wohlstand und Gebrauch entgegenzutreten. Auf diese Weise werden Krieg und Frieden lediglich zu zwei Seiten einer Medaille und wären bei allem Münzeln nicht auf eine Seite zu bekommen. So kann auch der beste nicht den Frieden leben, den er dem Nachbarn vorenthält.

Ausgereizt

»Sacredam«, murmelte Leclère in den Bart.

... und schwankte, gestreckt durch den Galgen, an dem er aufgeknüpft war, und stemmte seine Füße gegen die Kiste, auf der er gerade noch stand.

[...] Nachdem Bastard sich vergewissert hatte, daß niemand in der Nähe war, setzte er sich ruhig hin, hob die Oberlippe zu einem Grinsen, warf Leclère einen Blick zu und leckte sich das Maul.

»Jetzt sehe ich mein Ende vor mir«, sagte der Mann und lachte laut und bitter.

Bastard kam jetzt näher, das verstümmelte Ohr baumelte, das gesunde war wie in teuflischem Verstehen der Worte gespitzt. Er legte den Kopf gutgelaunt auf die Seite und bewegte sich mit gezierten und tänzelnden Schritten. Er rieb seinen Körper freundlich gegen die Kiste, immer wieder, so daß sie ins Schwanken kam. Leclère bemühte sich, sein Gleichgewicht zu bewahren.

»Bastard«, sagte er ruhig. »Paß auf. Ick töten dir.«

Bastard knurrte, als er das Wort hörte und rüttelte noch kräftiger an der Kiste. Dann stellte er sich auf die Hinterläufe und warf mit den Vorderpfoten sein ganzes Gewicht gegen den Oberteil der Kiste. Leclère versuchte ihm mit dem einen Fuß einen Tritt zu geben, aber das schmerzte an seinem Hals und gab ihm einen Ruck, daß er beinahe das Gleichgewicht verloren hätte.

»Heha! Geh! Marsch!« rief er.

Bastard zog sich etwa zwanzig Fuß weit zurück. In seinem Gebaren lag eine feindliche Gleichgültigkeit, die Leclère nicht mißverstehen konnte. Er erinnerte sich, daß der Hund oft die Eiskruste auf einem Wasserloch zerbrochen hatte, indem er hochsprang und sich mit seinem ganzen Gewicht auf das Eis fallen ließ. Und als er hieran dachte, verstand er auch, was das Tier vorhatte. Bastard drehte sich um und blieb einen Augenblick stehen. Er bleckte seine weißen Zähne zu einem bösen Grinsen, das Leclère beantwortete. Und dann sauste der Körper des Hundes mit voller Kraft durch die Luft auf die Kiste zu.

Als Slackwater Charley und Webster Shaw eine Viertelstunde später zurückkehrten, sahen sie ein unheimliches Pendel, das in der unsicheren Beleuchtung hin und her

*schwang. Als sie schnell näher liefen, stell-
ten sie fest, daß es der tote Körper eines
Mannes und ein lebendes Wesen waren,
das sich an die Leiche festkrallte und daran
stieß und zerrte, so daß beide hin- und her-
geschleudert wurden.*

*»He! Weg da, du Höllensproß!« brüllte Web-
ster Shaw.*

*Aber Bastard warf ihm nur einen Blick zu
und knurrte drohend, ohne seine Kiefer zu
lockern.*

*Slackwater Charley zog seinen Revolver,
aber seine Hand zitterte, als ob ihn fror,
und er kam mit der Waffe nicht zurecht.*

*»Nimm du sie«, sagte er und reichte sie dem
andern.*

*Webster Shaw lachte kurz auf, zielte zwi-
schen die glühenden Augen und drückte ab.
Bastards Körper zuckte, als er getroffen
wurde, dann peitschte er einen Augenblick
im Todeskampf mit der Rute den Boden und
erschlaffte plötzlich. Aber seine Zähne hiel-
ten ihre Beute immer noch. (1)*

In der dramatischen Erzählung Bastard
von Jack London, erschienen u.a. in der

Sammlung *Drei Sonnen am Himmel* im Jahre 1934, hatte sich der treue Hund Bastard am Ende einer todesgefährlichen Feindschaft zwischen ihm und seinem Besitzer Leclère schließlich doch besonnen, gegen seinen innersten Kodex und seine hündische Ergebenheit kompromißos zu verstoßen.

Wann entschließt sich der innerlich und äußerlich weitreichend zerrissene und in seinem ewigen Anpassungsstreben taumelnde Hund "Europa" im Angesicht nicht endender Dauergefährdung und zermürbender Attacken endlich zur befreienden Tat?

(1) aus: Jack London, Drei Sonnen am Himmel, Büchergilde Gutenberg, 1934, in Übersetzung von Erwin Magnus, Kapitel 6, Bastard.
http://gutenberg.spiegel.de/buch/drei-sonnen-am-himmel-10089/6

Lernen

Der Frankfurter Allgemeinen Zeitung vom 24.07.2018 nach kann die Bemerkung anläßlich einer Gedenkveranstaltung für Peter Struck mit der Konsequenz der Ablösung der Historischen Kommission der Partei auf die SPD Fraktionsvorsitzende Andrea Nahles zurückgeführt werden: "Geschichte lehrt uns nichts!" (1)

Welchem Menschen aus welchen Gründen oder durch welche Umstände auch immer unterstellt wird, nicht aus der Geschichte lernen zu können, dem wird nicht nur die evolutionsbiologische Fähigkeit zum Wissenserwerb allgemein abgesprochen, sondern sogar die elementare Voraussetzung für jeden als Entwicklung zu definierenden Prozeß.

Selbstverständlich sollte jeder Lernverlauf als ergebnisoffen betrachtet werden, d.h. er wird nicht immer und zwangsläufig zu einer treffenden Schlußfolgerung oder richtigem Verhalten führen, was jedoch gerade deshalb als Geschichte mit immanent fortlaufenden Korrekturen aufgrund vieler offener Möglichkeiten auch nicht in Stein gemeißelt sein muß. In diesem Falle Lernen als integrierten

Bestandteil jedweder Lebensentfaltung und Kultur zu leugnen, bedeutet nicht weniger als unsere Entstehung, Erkenntniskultur und mithin Existenz der wesentlichen Voraussetzung berauben zu wollen.

Nun, keine Panik, denn das wird niemandem, wie geschickt er es auch versucht oder behauptet, zu bewerkstelligen gelingen, auch Andrea Nahles nicht. Zweifellos allerdings kann jemand auf diese Weise, insbesondere Andrea Nahles, mehr oder weniger vergeblich verschleiert, deutlich zum Ausdruck bringen, einfach nicht lernen zu wollen.

(1) "Ein Paradestück der SPD" von Peter Carstens aus: Frankfurter Allgemeine Zeitung von 24.07.2018, Nr. 169, Seite 4

Uneingewilligt

Soldat Soldat in grauer Norm
Soldat Soldat in Uniform
Soldat Soldat, ihr seid so viel
Soldat Soldat, das ist kein Spiel
Soldat Soldat, ich finde nicht
Soldat Soldat, dein Angesicht
Soldaten sehn sich alle gleich
Lebendig und als Leich. (1)

Vor 38 Jahren war es der Liedermacher Wolf Biermann, der seinem Publikum diese Binsenwahrheit gesellschaftlicher Normalität mitzuteilen sich in der Pflicht sah, um sie ihm mit diesem Liedertext zu veranschaulichen.

Das Verwertungsinteresse und die Verfügungsgewalt drohen sich aktuell indessen mit der Debatte um die sogenannte "Widerspruchslösung" in der Frage der Organtransplantation noch tiefer in den physiologischen Gebrauch und den anatomischen Nutzen essentieller Körperlichkeit hineinbohren zu wollen und mit geradezu kannibalistischer Konsequenz die soziale Gegenseitigkeit des Menschen durch das schiere und multifunktionale Verschlingen zu bereichern.

Es ist mehr als naheliegend, daß die Grundlegung gesellschaftlicher Widersprüchlichkeit und das überlebenstechnische Streben, zu Lasten der eigenen Art zu existieren, lediglich eine Folge haben wird. Diesem Tier Mensch eben kann doch nur entfaltungsgetrieben sowie evolutionsgestützt das Verwerten und Zerfleischen als die höchste Spitze der eigenen Entwicklung gelingen.

Das Ende zumindest einer solchen vampirparasitären Höchstentwicklung wird, sicher wie vieles andere auch, verurteilt bleiben, am Rachen der Vergeblichkeit im Schlunde kosmischer Bedeutungslosigkeit zu versinken.

(1) Wolf Biermann, "Soldat, Soldat",1980 , https://www.songtexte.com/songtext/wolf-biermann/soldat-soldat-63fa2647.html

Widerspruchsregelung, Hirntod
und andere Unvereinbarkeiten ...

Bis zum heutigen Tag läßt sich mit Gewißheit feststellen, daß das Aufgebot der Vertreter der "Hirntodkonzeption" zumeist zum Zwecke einer chirurgischen Organentnahme wissenschaftlich und ärztlich als im höchsten Maße umstritten betrachtet werden kann.

Bei aller Mühe, eine legitimierende Debatte des eigens damit beauftragten Ethikrates freizutreten, um zu einer ergebnissicheren Aussage zu gelangen, ist doch wegen der Akzeptanz der Hirntodkonzeption und ihrer häufig zugesprochenen Garantie für eine saubere und schmerzfreie Entnahmewirklichkeit gleichwohl in der Realität an mit Technik und Pharmazie am Leben gehaltenen Patienten die vielfach bekannt gewordene, alles andere als schmerz- und begleiterscheinungsfreie Handhabung durchgesetzt worden.

Mit dem letzten Schritt jener präventiven Enteignung des Menschen, welcher, seines Körpers beraubt, dann nur mit Hilfe der Widerspruchsregelung gezwungen sein wird, den Anspruch auf den Erhalt seiner körperlichen Vollständigkeit über das Sterben hinaus in einem eigens dafür zu verfassenden Dokument festzuschreiben und unterschriftlich zu bestätigen, fällt er ganz und gar der Fremdverfügung anheim.

Versinkt da nicht offensichtlich unser Anspruch auf die rationalen und zivilen Errungenschaften moderner Zeiten wieder in das Dämmerlicht geradezu kannibalistischer Umtriebigkeiten und erliegt darüber hinaus auch noch der Kultur längst überwunden geglaubter Grausamkeiten und Instinkte?

Im Falle mangelnden Wissens und unzureichender Kenntnisse und Beweise sollte doch wenigstens zugunsten von Würde und Schmerzvermeidung unbedingt der humane Einwand und Zweifel den gesellschaftspolitischen Zuschlag erhalten.

Rosinenpicken

Eine Rosine macht noch keinen Kuchen,
viele Rosinen sind noch kein Gebäck,
und willst du sie dann ohne Teig versuchen,
schmaust sie sich, ohne satt zu werden, weg.

Man nennt es auch im Fall von Brexit naschen,
Theresa May versäumt den süßen Rest,
und ihr Versuch, das Beste zu erhaschen,
erweist sich endlich doch als falscher Test.

Verloren geht der hungerstill'nde Kuchen
für einen viel zu kurzen Appetit,
und nichts hilft mehr, nicht bitten oder fluchen,
Magen und Darm knurr'n dann ihr altes Lied.

Brexit von unten

Mit einem Referendum am 23. Juni 2016 hat eine wenn auch knappe Mehrheit der britischen Bevölkerung den Austritt Großbritanniens aus der europäischen Union beschlossen. Nach etwas mehr als 40 Jahren Mitgliedschaft befürworteten 51,9 Prozent der Wähler und Wählerinnen den Bruch mit der europäischen Union und nur 48,1 Prozent stellten sich gegen den sogenannten Brexit.

Die wachsende Bevormundung in wichtigen Fragen des Rechts, der Außenpolitik wie der freie Zugang europäischer Bürger zum englischen Arbeitsmarkt und zu seinem Sozial- und Versorgungssystem und nicht zuletzt die Tatsache, darüber hinaus noch einer der großen Nettozahler der EU zum bloßen Nutznieß vieler anderer zu sein, bilden einige der Gründe ab, auf welche die Austrittsbefürworter stetig verweisen.

Die Gegenposition, welche umfassende und gewinnbringende Vorteile für die Wirtschaft anführte, die allein schon den Verbleib in der EU rechtfertige, ebenso wie die europaweite Gewährleistung angestammter Arbeits- und Sozialrechte und nicht zu vergessen die EU-gestützte größere weltpolitische Geltung und Bedeutung ist in dieser Diskussion nicht weniger heftig und wortgewaltig vertreten. Selbst eine kurze Reflexion dieses indessen laut gewordenen Austritts- und nationalen Selbstbefreiungsansinnens Großbritanniens und die Wahrnehmung manch einer gequetschten nationalen Stunkdisposition eigenstaatlicher Aufgeblasenheit, verbunden mit einer verhaltenen oder deutlichen EU-Austrittsdrohung, weist zum gegenwärtigen Zeitpunkt den Reform- und Korrekturbedarf einer Konstruktion aus, welche bis heute die EU genannt wird.

Auf eine vollständige Auflösung allerdings der europäischen Kernstruktur wird sich auch nicht hoffen lassen, da die konservativ und reaktionär vorherrschenden Interessen geschichtlich viel tiefer verwurzelt und im wesentlichen national verankert sind. So etwas liefe sonst möglicherweise auch gefährlich auf den Exit und das heißt die Infragestellung sämtlicher unterwerfungs- und ausbeutungsorientierter Systeme und ihrer Voraussetzungen hinaus.

Die Merz-Akte

Den Anfang seiner amts- und postenge-
stützten Parteikarriere in der CDU
nimmt der heute 63-jährige Friedrich
Merz 1997 Seite an Seite gemeinsam mit
einigen anderen Jungfunktionären, ins-
besondere jedoch mit der von Bundes-
kanzler Helmut Kohl intensiv geförderten
und späteren Parteivorsitzenden Angela
Merkel, gewissermaßen nebeneinander in
der gleichen Reihe wahr.

Mit dem schrittweisen Rückzug Helmut
Kohls von seinen einflußreichen Partei-
funktionen hat Merkel gelegenheitsge-
recht und geradezu fugenlos es schneller
und verzögerungsfreier als alle anderen
verstanden, die Lücken auf dem Wege
zum Parteivorsitz und zur späteren
Kanzlerschaft scheinbar leichtfüßig zu
füllen.

Mit dem wachsenden Dissens und der
mißlingenden Kooperation zwischen
Friedrich Merz und Angela Merkel bis hin
zur offenen parteiinternen Gegnerschaft
hat sich der demgegenüber erfolglose und
zurückgeschlagene F. Merz dann aller-
dings auch mit Blick auf die von ihm mit-
zuverantwortende Wahlniederlage der

CDU/CSU im Jahre 2002 von allen höheren Funktionen und politischen Laufbahnen innerhalb der Partei konsequent zurückgezogen, auch, um sich vollends auf seinen aussichtsreichen Berufsweg in die Wirtschaft zu konzentrieren.

Mit dem sukzessiven Rückzug Angela Merkels nun, den sie mit der Erklärung vom 29.10.2018, nicht weiter für eine Wahl zur Parteivorsitzenden zur Verfügung zu stehen, einleitete, um bestenfalls noch bis zum Ende der Legislaturperiode als Kanzlerin fortzuwirken, tauchte wie vom Katapult geschossen Friedrich Merz, ganz sicher für viele unerwartet, mit dem Anspruch auf, mit dem Parteivorsitz nach dem Ausscheiden von Merkel wieder in das Rampenlicht einer zudem medial gestützten Aussicht auf höchstmöglichen politischen Einfluß zu treten.

Wenn mit einer volkstümlichen Kurzbeschreibung von dem Widerspruch und der Kontraproduktivität bei der Bewertung jenes Merz-Phänomens aufs einfachste die Rede sein kann, dann doch nur, weil der Noch-Parteivorsitzenden und Bundeskanzlerin Angela Merkel ein Hochmaß an mit eigenen Händen errichteten Positivergebnissen und statthaften Problemlösungen zugesprochen werden muß, demgegenüber einem Nachfolger, und das im Angesicht wachsender Schwierigkeiten, hochwahrscheinlich doch nur die Rolle desjenigen bleibt, der alles mit seinem in diesem Fall standesgemäßen Hintern wieder umstößt.

2019

Eine nichtssagende Jahreszahl mit vielsagendem Klang. Nicht nur der Brexit erweist sich als Bruch hoffnungsgeladener Träume eines stärker werdenden und sich weltweit inszenierenden Europas, dessen höchste Zerrissenheit sich unter anderem durch das Aufkommen populistischer Stimmen und Parteinahmen für nationale Positionen bemerkbar macht und nicht nur an Grenzschutzfragen und anwachsenden Flüchtlingsaufkommen aus den Krisenregionen dieser Erde zu erkennen ist.

Die globalen Wandlungen in Bündnisfragen mit Blick auf den Selbsterhalt und Sourcenverknappungen und das entsprechende Rumoren in der NATO tragen ebenso zu diesem Eindruck bei wie die unkontrollierbaren Kapriolen eines aus der Bahn geratenen Präsidenten der Vereinigten Staaten von Amerika mit seinen gefährlichen macht- und anerkennungsheischenden Manövern, frei nach seinem Motto "America first", mit denen er willkürlich und beliebig entgegen jeder diplomatischen Logik ganze Staaten, Kontinente und unzählige Persönlichkeiten gegen sich aufzubringen versteht.

Unvorhersehbare neue Allianzen, um absehbare machtpolitische Interessen und mögliche zukünftige Schlachtfelder in Fragen der Ressourcen zum Zweck des globalen Überlebens zum eigenen Vorteil sichern zu können, führen nicht nur zu neuen Kartenmischungen an den noch verbliebenen Tischen der Verteilungen und der Besitztümer, sondern zur vollständigen Zerschlagung bis hierher gültiger und bewährter Regeln.

Grob zusammengefaßt sollten nebulöse Perspektiven und Aussichten solcher Art geradezu zwingend jene Einsicht beflügeln, deren tiefste Erfüllung nur darin bestehen kann, daß sich Vernunft, Verstand und Wirklichkeitsbewältigung nicht zuletzt und entschieden in allen Punkten auf die unabweisliche Absicht konzentriert, solchen auf der Hand liegenden Entwicklungen und Wahrscheinlichkeiten nicht nur entgegenzutreten, sondern sie mit allen zu Gebote stehenden Mitteln zu verhindern.

Der neue alte kalte Krieg

Bereits nach dem unmittelbaren Ende des Zweiten Weltkrieges begann sich der latente Wettstreit der Systeme des sogenannten Westens, repräsentiert durch die USA mit ihren NATO-Verbündeten, mit dem sogenannten Osten, als die Kurzfassung für die Sowjetunion mit ihren Verbündeten des Warschauer Paktes, gegeneinander aufzubauen, bis zu jenem Zerwürfnis, welches, bald schon als Kalter Krieg bezeichnet, seine alles beherrschenden Schatten über den Rest der Welt auszubreiten vermochte.

Kriegsgefährliche Höhepunkte in dieser Zeit, nicht selten durch Fehlalarme oder zu wirklichem Alarm führenden Fehlinterpretationen im Rahmen der changierenden Ketten von Information und Falschauslegung, waren kaum zu verhindern.

Hinzu traten permanente Überwachungsmanöver, gegenseitige Verfolgungen und Provokationen, zumeist über die Bandbreite und Inanspruchnahme der jeweiligen Marinen und Luftwaffen.

Erst nach der von beiden Seiten angedrohten Bereitschaft, Raketen mit mittlerer Reichweite in Konfrontationsnähe

zueinander aufzustellen, was beispielswei-
se die Bundesrepublik Deutschland zu ih-
rem berühmten NATO-Doppelbeschluß
veranlaßte, kamen dann doch bald solche
Gefahrenspitzen nicht zuletzt dank dem
Parteivorsitzenden Michail Sergejewitsch
Gorbatschow und dem US-Präsidenten Ro-
nald Reagan zu ihrem vorläufigen Ende,
und es folgten intensive Abrüstungs- und
Verzichtserklärungsverhandlungen, unter
anderem mit staatsvertraglichen Folgen,
die in der Auflösung und Ungültigkeitsre-
klamation von beiden Seiten in jüngster
Zeit ihren unseligen Abschluß gefunden
haben, und die fortgesetzte Aussicht auf
ein erneutes, weltweit orientiertes Wettrü-
sten in fast gegenseitigem Einvernehmen
ist durch nichts mehr zu verhindern.

Wenn wir nun den sich indessen wieder
verstärkenden kriegsgefährlichen Grund-
positionen jedoch aufrichtig und voll-
ständig Rechnung tragen wollen, fällt uns
spätestens das Begreifen auf die Füße,
daß es in den ganzen zurückliegenden
Jahren ebensowenig Frieden gegeben hat,
wie dieser zukünftig in Aussicht stehen
könnte. Umso mehr haben die Verant-
wortlichen eben dieses in Wirklichkeit
permanenten Krieges geradezu doch ein
entscheidendes Interesse an der Verleug-
nung und Verschleierung dieser Tatsache.

Ökonomie, Medien, Repression

Geld

In der Welt von Douglas Adams "Per Anhalter durch die Galaxis" wird unter anderem erzählt, "daß die Vorfahren der heutigen Menschen die Nachfahren der Schiffbrüchigen eines Volkes sind, das charakterlich den Shadoks nicht unähnlich scheint, allerdings mehr als vier Silben beherrscht (zum Leidwesen aller in Hörweite Befindlichen). Der Entschluss dieser Vorfahren, auf der steinzeitlichen Erde zuerst Blätter als Zahlungsmittel einzuführen und dann zur Verhinderung einer Inflation alle Laubwälder niederzubrennen, entspricht ziemlich genau der Mentalität der Shadoks." (1)

Hätten sich diese Vorfahren doch bloß durchgesetzt, wir verbräuchten dann endlich unsere Kräfte und Fähigkeiten für was auch immer und würden sie nicht mehr über Währungen, sprich Erlaubnisse, zum Erwerb von Dingen einsetzen müssen, über die wir auch ohne sie verfügen.

(1) http://schoener-denken.de/blog/?s=
Die+Schwerkraft+ist+auch+nicht+mehr+das

Die Quelle zu nennen ...

Wie oft wird zum Beweis der Gültigkeit einer Nachricht nach der Quelle gefragt?

Eine Quelle markiert überraschend jenen Ort, an welchem das gleichwohl überall präsente Wasser der Erde unverkennbar und massiv aus dem Boden sprudelt oder vom Felsgestein quillt und von dort seinen immer stärker werdenden Lauf verbraucht, anschwellend vom Bach zum rauschenden Fluß bis hin zum reißenden Strom, dessen Fluten sich endlich in das große Sammelbecken Meer ergießen müssen.

Die Quelle ist jedoch auch das Sickerwasser, das vielleicht über große Flächen, Felder und Wiesen, sukzessive seine Umgebung näßt, bis sich nämliches Bild des Flusses in der Fläche abzubilden beginnt.

Gerade weil sich die Quelle, wie auch der Fluß und seine Mündung, über jenen gut sichtbaren Teil einer fließenden Vernetzung aller Wasser dem Auge faßbar macht, verbirgt sie doch auch auf diese Weise die weltweite Haftung in ihrer unzerrissenen Liquidität. Als der immer gleiche Ausgangspunkt der Schöpfung wird sie dennoch sofort zum Verteiler aller Absehbarkeiten und Endlichkeiten und gewährleistet am Ende wie am Beginn auch ihr tragendes und schwimmendes Wesen und ihre liquide Unzerstörbarkeit, jene nicht zu trennende Verbindung, für die das Wasser im allgemeinen auch steht - ein Medium, das in der Tat seine Fähigkeiten zum Transport und zum Verkehr, zum Widerstand und zur Flüchtigkeit, zur Haft und zur Haftlosigkeit derart vollkommen in sich vereinigt, daß es dem Ergebnis jeder Kommunikation und dem Streben darüber hinaus stets einen Tropfen voraus sein muß.

Was sonst auch hätte eine größere Eignung zum Boten und zur Botschaft gleichermaßen aufzuweisen und wäre doch nicht ungeeigneter, zum bloßen Beweis seiner Gültigkeit erniedrigt zu werden?

In Worten ohne Zahlen

Die medienwirksame Aufforderung aller Bürger zur Lebensmittelbevorratung für zehn Tage, um eventuellen Versorgungsengpässen vorzubeugen, auch im Zusammenhang mit der anwachsenden, publizistischen Aufmerksamkeit für naturbedingte Mangelernährungslagen, welche laut dieser Propaganda nur mithilfe wissenschaftlich-industrieller Vernunft und bravbürgerlicher Disziplin zukünftige Gefahren zu bewältigen imstande sein sollen, hat über die letzten Wochen fast einen kampagnenverwandten Charakter angenommen.

Bei den präferierten gesellschaftlichen Institutionen solcher Problemlösungen (um nur einige zu nennen: Monsanto, Bayer, Nestlé und die vielen anderen am Profit beteiligten Unternehmen), welche sich auf diese Weise als Retter in der Not jederzeit erreichbar geben - nicht von einem Bock, der zum Gärtner berufen sei, zu reden -, wäre mindestens gefährlich fahrlässig. Besonders deshalb darf auch auf keinen Fall vergessen werden, daß die mit derartig falschen Vorzeichen propagierte Bereitstellungskampagne doch gerade diejenigen befördert und zu Hoffnungsträgern verklärt, die bereits mit dem Hunger, der Armut, dem wachsenden Mangel und dem Elend eines nicht geringen Teils der Menschheit unabtragbare Schuld zu übernehmen hätten.

CETA oder
die Festschreibung des Marktes

Was soll denn falsch sein an einem Markt? Ein Ort und ein sozialer Raum, wo den Angeboten und der Nachfrage entsprechend gehandelt, getauscht und gewechselt werden kann? Was ist falsch an Leistungen und Gegenleistungen? Selbst Arbeit und Lohn als das geregelte Verhältnis von Schaffenskraft und Produktion ist doch erstrebenswerter als eine waffenstarrende und dauerhaft blutige Praxis des Raubes, der Versklavung und der Gegenunterwerfung mit all ihren schmerzhaften und instabilen Begleiterscheinungen und Folgen.

Statt dessen dann doch besser ein friedliches und mithin geregeltes Beieinander, in welchem unter der Maßgabe justitiabler Gewalt die Geschäfte und Absichten der Menschen untereinander verkehrsfähig und praktikabel, also wiederhol- und lebbar werden, ohne die stete Gefahr von Bedrohung und Zerstörung auf den Plan zu rufen?

Der Umstand, daß der gewaltgeregelte Frieden jedweden Marktgeschehens doch nur die Fortsetzung des Krieges mit anderen Mitteln bedeuten kann, dynamisiert und begründet im Vorteilsstreben, in der Konkurrenz und dem taktisch-strategischen Vergleichen zum Zweck der erfolgreichen Selbstbehauptung gegenüber dem anderen Menschen, kann doch ebensowenig richtig sein wie seine unhinterfragte Voraussetzung, die Gewalt.

Mit oder ohne Erlaubnis ...

Wir wollen unter allen Umständen der publizistische Alp herrschender Interessen, Positionen und Meinungen und das tödliche Gift satter Arroganz und gewaltgestützter Selbstgefälligkeit sein.

Wir stehen für die innovative Rückbesinnung auf linke Werte, für die der aufsässige Geist bislang vergeblich gestritten hat, deren eigene Geschichte jedoch die Kultur, den Rückhalt und den gefestigten Geburtskanal fortgesetzten Befreiungsstrebens erkämpft und sichergestellt hat. Die Kraft konstruktiver Skepsis allen falschen Versprechen und administrativen Eindämmungs- und Regulationsbemühungen gegenüber wissen wir auf unserer Seite. Mit den Werkzeugen der Presse und der Medien kommen wir, um zu prüfen und der Prüfung selber standzuhalten.

Soll nicht gerade die jüngste Offensive gegen die letzten Reste der Meinungsfreiheit mit der Fakemeldungs- und -verbreitungsstraffälligkeitsdebatte fadengerecht mit dem Stichwort "postfaktisch" in das Nadelöhr öffentlicher Aufmerksamkeit eingeöst und darüber eine erfolgreiche

Befriedungsstrategie zu Lasten der Aufsässigkeit und zum Nutzen tradierter Ungleichverteilung menschlicher Entfaltungsfreiheit und materiellen Reichtums noch sattelfester und unbemerkter verankert werden?

Wer diese Befriedung zumindestens als die höhere Ordnung eines bislang erfolgreichen Dauerkrieges gegen jene gesellschaftlichen Freiheitskräfte, Visionen und Taten erkennt, die imstande wären, die Ketten dieses einseitigen Scheinvertrages zwischen Stark und Schwach abzuschütteln, der wird sicher nie darauf verzichten wollen, ihn endgültig aus der Welt zu schaffen. Öffnet nicht schon das Neue Testament der Bibel mit dem respektvollen Rückgriff auf die Nahtstelle menschlichen Denkens und Neubeginns auch deshalb mit der Feststellung: "Am Anfang war das Wort ..."

Und das Wort soll unsere Waffe sein.

Privilegien verpflichten

Wir haben es noch warm, sind gut genährt und machen Pläne für die Zukunft. Gemessen an dem größeren Teil der menschlichen Weltbevölkerung, die diese vermeintlichen Selbstverständlichkeiten nicht vollständig für sich in Anspruch nehmen kann, wäre eine derartige Bestandsaufnahme bereits als Minderheitprivileg zu bezeichnen.

Es bedarf heute keiner besonderen Aufklärung mehr darüber, daß es sich bei diesem Privileg auch um die Früchte ungerechter Verteilungs- und Verfügungsverhältnisse an Besitz und Produktionsmitteln handelt. So ist denn unser Wohlbefinden nicht nur ein unfreiwilliger Kredit der Benachteiligten, sondern bei der allgemein vorherrschenden Gleichgültigkeit auch eine Beteiligung an Raub, Gewalt und allem Elend, das damit für die übrigen Menschen verbunden ist.

Für die Schattenblickredaktion ist der Anspruch auf publizistische und journalistische Arbeit deshalb in erster Linie ein Anspruch, sich einzumischen. Wir werden Konflikte suchen, wo sie verborgen und verschleiert sind, und wir werden

Konflikte anstreben, wo sie vermieden und verhindert werden, um den Zweck der Vernebelung, an den grundlegenden Besitzständen, Unrechtsverhältnissen und Verteilungssituationen nichts ändern zu müssen, mit den Mitteln einer Zeitung kompromißlos entgegenzutreten.

Frei nach Brecht:

Was ist die Störung
des öffentlichen Friedens
gegen die Zerstörung
friedlicher Kulturen
und Zivilisationen
und die Vernichtung
vielzigtausender,
unschuldiger Leben?

Lebensmittelunsicherheit oder das Konzept von Menschenrechten und Verteilung

Entlang der Fronten jener filigraner und hochempfindlicher Systeme von Verteilungsgewalt und Teilhaberschaft richten sich unsere Zivilisationen, Technologien und steten Fortschritte mit der Konsequenz ihrer Wachstums- und Entfaltungsstärke doch immer nur gegen ihre Verlierer und die für sie zu erwartenden Folgen auf.

Daß Verteilung überhaupt zum End- und Ausgangspunkt der menschlichen Überlebensratio und damit zum gesellschaftlichen Thema geworden ist, kann nur der Dynamik und der Gewalt allgemeingesellschaftlichen Interesses ebenso wie der menschlichen Präferenz vermeintlicher Rechenbarkeit der vor- und nachteilsregulierenden Versprechen geschuldet sein.

Doch ist nicht gerade die Aufrechterhaltung der Verteilungsfragen, die den Unterschied zwischen Lebensrechten und Verelendungsfolgen, zwischen Sättigung und Verhungern ausmacht, verdächtig? Gerade wenn, der Expertise der Welternährungsorganisation FAO (Food and

Agriculture Organization of the United Nations) folgend, in unserer Zeit mehr als genug Erntegut vorhanden ist, um weit mehr Menschen ernähren zu können als tatsächlich existieren, müssen die Annahmen, die auf bloße Verteilungsfragen abstellen, offensichtlich zu kurz greifen, um das globale Hungerdesaster erklären oder gar bewältigen zu wollen. Verschleiert die Diskussion um strukturelle Fehler nicht einfach den Umstand, daß allein die Möglichkeit, irgendetwas in der Welt über das bloße Teilen begreifen, bewegen oder bewältigen zu wollen, als Mittel in den menschlichen Händen doch eine andere Herkunft bzw. Grundlage ausweist als eben die Frage der Verteilung, die sich dann aber bestenfalls als Appendix oder Hilfsmittel räuberischer Absichten erweist?

In medias res

Warum schleicht sich das Gefühl, das Objekt jener bloßen PR-Initiative zu sein, ein, deren Zweck das Geraderücken und Richtigstellen einer in der Öffentlichkeit anwachsenden Medienskepsis und -kritik sein mag? Mit jeder Sendung dieser neuen Berichterstattung in eigener Sache, zur immer gleichen Tageszeit im Deutschlandfunk ausgestrahlt (@medias-res - das Medienmagazin, Deutschland-funk, Mo.-Fr., 15:35-16:00 Uhr), wächst dieser Verdacht, so daß für einen anderen Gedanken als den der bloßen Manipulationsabsicht kaum noch Platz bleiben kann.

Ist es nicht gerade das Rezept einer Salatmischung, das mit mehr oder weniger globalkritischen Berichten über die Hohlwelt der Publizistik den Eindruck internationaler Kompetenz und Vielfältigkeit erwecken möchte oder gar mit Hilfe konsumentenfreundlicher Scheindialoge in eigener Angelegenheit so etwas wie Gesprächsbereitschaft und Interesse am Zuschauer, Hörer und Leser suggerieren will, das sich dafür hervorragend eignet?

Wie eine Botschaft allerdings wird dann doch mit dem Symbolgehalt eines Feigen-

blatts der Blick selbst des unvoreinge-
nommenen Betrachters geradezu nach-
haltig auf den unerwähnten und
diskursgemiedenen Umstand gelenkt, die
willentliche oder unwissentliche Partei-
lichkeit in ihrer steten, unabweislichen
Konsequenz nicht zu thematisieren.

Wider den Gleichklang

Wie oft möchte der Mensch der Welt, wie sie ihm durch die Medien oder die vielen anderen mittelbaren Informationsquellen angetragen wird, entgegentreten, sie an die Hand nehmen oder am Hals packen, lediglich um der Chance willen, Absehbarkeiten oder Fortschritte zu erzielen?

Die Vielzahl und strukturelle Gleichartigkeit jener informationellmedialen Prozesse schließen jedoch den erforderlichen Wirklichkeitskontakt schon fast systemisch aus, an dessen Beginn weiterführende Gedanken und konstruktive Entschlüsse stehen sollten, die ihren Anfang und Fortgang doch nur in hintergrund- und zusammenhanggenerierenden Fragen und Diskussionen finden können. Die Verdaulichkeit konventioneller Informationsangebote und -mengen wird diese Möglichkeit allerdings geradewegs ausschließen. So etwas schützt natürlich aufs Beste vor jeder Überforderung, unnötigen Aufmerksamkeit und jedem spontanen Engagement, aber es schützt auch die Verhältnisse, die es zu verändern gelte. In einem Nebel und Rausch indifferenter, informationeller Verläufe und Scheinantworten läßt sich gewiß der Eindruck jener industriegesellschaftlicher Dauergeborgenheit erzielen, auf deren Rücken so viel sinnvoll verteilt und organisiert zu sein scheint, so daß der Mensch entgegen seiner vitalen Instinkte gerne insbesondere in Anbetracht seiner erwünschten Normproduktivität auf ein unabweisliches und eingreifendes Interesse verzichtet.

Was immer wir vom Schattenblick tun können, um dieser vorherrschenden Regelmäßigkeit den Schneid abzukaufen und die Voraussetzung streitig zu machen, werden wir von der Redaktion aus bemüht sein, über mehr als bloße Berichterstattung hinaus auf die Beine zu stellen.

Zum DFG
Sonderforschungsbereich
Muße

In seiner denkbar kürzesten Deutung wird der Begriff "Muße" lt. Duden mit den Worten "Untätigkeit", "Ruhe" oder "freie Zeit" umschrieben. Der Sonderforschungsbereich 1015 "Muße, Grenzen, Raumzeitlichkeit, Praktiken" der Deutschen Forschungsgemeinschaft (DFG) kann mit dem Vortrag "Digital technologies and the imperative of speed" am 22, Juni 2017 vor geladenen Gästen im Rahmen der Eröffnungsfeierlichkeiten zum Beginn der DFG-finanzierten, wissenschaftlichen Erforschung der Muße als offiziell in Angriff genommen gelten.

Nicht nur bei einer ersten oberflächlichen Betrachtung fällt in diesem Zusammenhang die genuin ökonomische Sicht auf die Muße als ein bislang unerschlossenes Feld notwendiger und weitreichend brachliegender Zweckmäßigkeit, Funktionalität und Nutzung auf, das noch als ein in seiner Wechselwirkung zu Arbeit, Produktivität und Gebrauch gebundenes Phänomen menschlich biologischer Überlebensaussteuerung zu entdecken wäre.

Wenn es denn eine derzeit vorstellbare Qualifikation wirtschaftlicher Optimierung der gesellschaftlichen Produktivität über die bis heute unzureichend reflektierten und wissenschaftlich erforschten Möglichkeiten gibt, dann wäre diese wohl in den Bereichen der Freizeit, des Ruhebedarfs, der Entspannung, des Dösens und Träumens und gar des Lustwandelns und schlußendlich der Muße am ehesten zu suchen.

Ein Schelm, der Böses dabei denkt.

Homo speculatius

Ebenso wie sich zunehmend erkennbar ein gesellschaftlicher Wandel von markttürlichen Grundverhältnissen, ihren offenen Optionen und ihren perspektivischen Unabsehbarkeiten zu einer rechenbaren Gesamtkonzeption sicherer Verfügbarkeit sowie unumstößlicherer Besitzstände und weitreichend beherrschbarer Zukünfte vollzieht, wird ein derartiger Prozeß selbstverständlich durch die aufgewühlten Gewässer wachsenden Verteilungsgezänks um die schwindenden Überlebensressourcen nicht nur begünstigt, sondern auch erklärbar.

Der Sprung vom Homo oeconomicus zum Homo legalitus im Rahmen menschlich individueller Grunddispositionen wird so naheliegend wie natürlich sein.

Als unheimlich und furchteinflößend mag uns im Zuge dieser Entwicklungen jedoch dann der Schattenwurf einer wenn auch nur aus den Augenwinkeln wahrnehmbaren Drohung und Präsenz des sozialen Regresses zum Homo cannibalis erscheinen.

Zurückgekehrt in die Kellergewölbe kultureller Entfaltungswahrscheinlichkeiten erwartet die menschliche Gemeinschaft dann wohl noch Schlimmeres als Finsternis, zuwachsende Enge und vergebliche Flucht.

Hunger, Headlines und Vergessen

Laut dem Internet-Portal des Deutschen Ärzteblattes hat der UN-Chef um Milliardenspenden gebeten:

Donnerstag, 23. Februar 2017
New York - UN-Generalsekretär Antonio Guterres hat wegen drohenden Hungerkatastrophen in vier Krisenstaaten einen dringenden Hilfsappell an die internationale Gemeinschaft gerichtet. Die Hilfsorganisationen der UNO benötigten bis Ende März rund 4,2 Milliarden Euro, um Hungersnöte in Nigeria, Somalia, Südsudan und Jemen zu lindern, sagte Guterres gestern in New York. Bislang stünden nur 85 Millionen Euro zur Verfügung. Rund 20 Millionen Menschen seien in diesen Ländern vom Hunger bedroht, sagte er. Viele von ihnen seien durch Mangelernährung dem Tode nahe. "Sie sind anfällig für Krankheiten, müssen ihr Vieh töten, um es zu essen, und auch ihr Saatgut als Nahrung verwenden", sagte Guterres. (1)

Bei allen Einlassungen zum Thema, die dann in der öffentlichen Berichterstattung von Presse, Medien und fachspezifischen Diskursen folgen sollten, wurde bis zum heutigen Datum der Allgemeinheit mit den Windungen und Wendungen unterschiedlichster Details und Aktivitäten mangelhafter oder auch zulässiger Reaktionen der zuständigen politischen und gesellschaftlichen Instanzen die Aufklärungskontinuität auf eine Weise vorenthalten, die den möglicherweise erschrockenen Bürgersinn diesbezüglich gewiß wieder zur Ruhe seiner wohlverdienten Schläfrigkeit zurückgeführt hat.

Nie aber ist es bis zum heutigen Tage darüber zur Klärung gekommen, wo die noch zur dringenden Notbewältigung erforderlichen, bis dato fehlenden 99,798 Prozent Geldmittelanteile geblieben sind und wieviele der 20 Millionen verhungernden Menschen indessen deshalb bereits das Zeitliche gesegnet haben müssen.

Wird nicht gerade durch solch instringente und kurzfristige Eröffnung der Presse zu diesen furchtbaren Tatsachen auch die gesellschaftliche Beteiligung an einer Offenbarungsabsolution der Vergeßlichkeit und Verdrängung aufs beste befördert?

(1) https://www.aerzteblatt.de/nachrichten/73299/Drohende-Hungerkatastrophe-UN-Chef-bittet-um-Milliardenspenden

Mediale Kompetenzen

Mehr und mehr wird bei vielen Gelegenheiten der Ruf nach journalistischen Kernkriterien laut, welche die Gewißheit nach Wahrheitsgehalt, Faktizität und struktureller Richtigkeit überprüf- und ermittelbar macht. Eine Quelle beispielsweise durch eine weitere und möglichst dazu noch durch eine unabhängige Bestätigung für eine Behauptung, für einen Bericht oder für eine Beschreibung zu hinterfragen und zu sichern, wäre ein solches Kriterium.

Die gründliche Recherche und die Berücksichtigung von Gegenstandpunkten gehört da selbstverständlich ebenso zum Arbeitsset wie der Blick auf weitreichendere Zusammenhänge. Zur Überprüfung solcher publizistischer Selbstverständlichkeiten wird schlußendlich sogar für diesen Bewertungs- und Beurteilungszweck mit dem Gedanken an eine entsprechende wissenschaftliche Instanz gespielt.

Selbst Fakten können jedoch auf unterschiedlichere Art erlebt, erfahren, erlitten und bewältigt worden sein, als es eine gezielte Lesart oder ein bestimmtes Übermittlungsinteresse zugestehen würde.

Auch die Wahrheit wäre, auf ihre sprach-
geschichtliche Urfunktion zurückgeführt,
doch lediglich eine unter Umständen be-
vorzugte Sicht welcher Dinge oder Ereig-
nisse auch immer.

Wie hergeholt und konstruiert erscheint
da ein Kriterienstrangulat, das bei allge-
mein medialer Verarbeitung so etwas wie
Gültigkeit und Ungültigkeit in die Arena
des Austausches zu bringen versucht. Es
muß schon eine große Furcht vor demo-
kratischen Prozessen im Spiele sein,
wenn dazu übergegangen wird, eine Ka-
pelle gegen den Wind aufzurichten, um
über diese gemauerte Fessel die freie Luft
auf die eigene Seite zu zwingen.

Konstruktiver Journalismus
in aller Munde

Der Journalismus ist im wesentlichen und gegebenenfalls ausschließlich der Berichterstattung und Wiedergabe von Ereignissen des Tages im Sinne den jeweiligen Tag betreffender Geschehnisse ("jour" franz. "Tag", von "giorno" ital. "Tag") zuzuschreiben. Wenn nun die allen vertraute Auswahl, Präferenz und Spiegelung zumeist unangenehmer und schlechter Nachrichten, welche naturgemäß auch unabhängig von direkter Betroffenheit ihr aufmerksames Publikum finden, den Löwenanteil des Gebotenen ausmachen, dann sicher nur deshalb, weil eine alles andere als ausgeglichene Wirklichkeit den Menschen zwecks Gefahrenabwendung und Sicherheitsbestätigung zu nichts anderem veranlassen kann.

Überwiegend beruhigende und vermeintlich der Objektivität mehr geschuldete Nachrichten in positiv orientierter Mischung sind dem Leser doch nach dem Motto ‚Und wenn sie nicht gestorben sind, dann leben sie noch heute' als Hilfsmittel bewahrender und schützender Erziehung nur allzu vertraut. Jene beruhigende Funktion menschlicher Erzählungsweisen und Märchen der Kinderzeit wird auch dem primären Interesse bzw. der ersten Aufmerksamkeit des Erwachsenen für seine gefahren- und sicherheitsbestimmte Wachsamkeit keinen Abbruch tun.

Wenn gar die konstruktive Gestaltung der Nachrichtenlage zu einem ausgeglichenen, nicht selten angepaßten und bedarfsgerechten oder gar opportunistischen Wirklichkeitsbild führt, würde sie gegenüber den nicht konstruierten, häufig allerdings auch nicht primär positiven Nachrichten schlecht aussehen und deshalb aus auf der Hand liegenden Gründen das Interesse und die Aufmerksamkeit der Leser und Nachrichtenkonsumenten weitreichend einbüßen.

Was also soll uns dann der zur Zeit umgehende Ruch und Lösungsvorschlag für die bessere Nachrichtentauglichkeit des sogenannten konstruktiven Journalismus auch anderes als gerade die Botschaft der Käuflichkeit und der systemischen Täuschungsabsicht täglicher Nachrichten vermitteln?

Wirtschaft

Ebenso wie das marxistische Denken die menschliche Arbeit mit bloßem Blick auf ihren Gebrauchswert, das heißt nur zum Zweck als in ausschließlich individuelle Bedürfnisbefriedigung investiert ausmacht, wird das ursprüngliche Verständnis des Wirtschaftens und der Wirtschaft mithin als ein lediglich auf Selbstversorgung und Gastfertigkeit angelegtes Unterfangen beschrieben.

Eine Wirtschaft oder gar Ökonomie zu betreiben, wäre dann im Ursprung des Wortgehaltes inklusive der archaisch darin begründeten Gastfreundschaft keineswegs das Synonym für profitable Betriebsamkeit.

Die Ökonomie, anfänglich das Wort für Verwaltung von Land und Gütern, ist ebenso wenig wie das Wirtschaften zwingend mit der kapitalistischen Orientierung einer profitablen also auf Gewinn ausgerichteten Absicht oder Konzeption gleichzusetzen. Hierzu müßte zuvor der Tauschwert der damit erbrachten Leistungen oder Arbeiten definiert und frei nach Marx als Warencharakter bestimmt und in die Praxis des Handels umgesetzt werden.

Nur noch Worte wie "unwirtlich", das heißt ungemütlich oder unfreundlich, erinnern uns noch an eine völlig andere, dem herrschenden kapitalistischen System entgegengesetzte Bedeutung jenes Wirtschaftsbegriffs in sicherlich negativer Umschreibung, nämlich die der Gastlichkeit und Selbstversorgung, also der dem natürlichen Stoffwechsel und Leben verhafteten Arbeits- und Schaffenskraft.

Wirtschaft kann nur unter der Maßgabe einer leidlich hergeholten und im wesentlichen von bösen Absichten erfundenen Verknüpfung ihres Selbstverständnisses mit den Absichten des Marktes, des Profits oder der Warenproduktionsmotivation gegen ihren eigentlichen Sinn pervertiert werden.

Geld zum Beispiel

Geld mag zunächst der Sammelbegriff für zählbares bzw. gezähltes Vermögen, dokumentiert in den frühen Münzen oder späteren Geldscheinen, und darüber der Wechselwert abzugeltender Tribute an die jeweils gewährleistenden gesellschaftlichen Instanzen (Staaten, seien sie demokratischer oder feudalbegründeter Herrschafts- und Verfügungsherkunft) sein.

So liegt unter allen Umständen seine Eignung als dokumentiertes und gewährleistetes (Währung) Wechselvermögen abstraktester Natur, zur Vermehrung und Ansammlung aufs beste verfaßt, in wäg- und rechenbaren Tausch- und Sammlungsmöglichkeiten doch auf der Hand. Die Garantie, beispielsweise ein Pfund Butter über den dokumentierten Einpfundschein der britischen Währung sicher beanspruchen zu können, sollte eine solche ursprüngliche Bedeutung gehabt haben.

Geld nach diesem Verständnis modifiziert, organisiert und abstrahiert aufs unangreifbarste den denkbar qualifizierbarsten und entufertsten Rückkopplungsprozeß einer zählbaren Anpassung und rechenbaren Beteiligung an ein ursprünglich versklavendes und unterwerfendes System.

Umwelt, Klima, Katastrophen

Klimahandel, Menschenwandel

Ich lausche am trockenen Platz hinter meinem Fenster dem Regen und beginne langsam damit, ihm zuzuhören.

In dieser Zeit zunehmender Extremwetterlagen, die mit Wind und Schauerpeitschen die Flüsse über die Ufer treiben, und des Wassers, das unerwartet durch die Straßen rauscht und sich nicht selten in die Keller und in die unteren Stockwerke der Häuser hineindrückt, mutet ein besinnlicher Genuß prasselnder Niederschläge mindestens befremdlich, wenn nicht gar zynisch an. Wenn mit wachsender Häufigkeit Erdrutsche ganze Dörfer unter ihrer nassen Last begraben, sich in vielen Hektarmengen Ernten sprichwörtlich zugrunde gerichtet finden und auf Plätzen wie Wegen Treibgut und Schmutz große Aufräumarbeiten und Reparaturen erforderlich werden lassen, wird der sonst doch nährende und viel erhoffte Regen zum bloßen Ungeheuer und Schicksalsschlag und gewiß nicht zum Segen.

Mitverschuldet durch menschliches Tun, dem Klimawandel zugesprochen und dem technischen Fortschritt und damit unseren eigenen Händen angelastet, vermag sich die naheliegende Einsicht mit entschlossenen Konsequenzen doch nur mühsam und schwerfällig aus dem Fiebertraum verschwitzter und festgelegener Geborgenheit zu erheben.

Für die Gefahren, die sich nicht nur mit den Wetterfolgen immer umfangreicher und schneller potenzieren, ist das Begreifen in den Herzen und Köpfen großer Mehrheiten noch viel zu unterentwickelt und klein.

Wissenschaftliche Studien, galoppierende Erkenntnisse, beweisträchtige Statistiken und Wetterkarten erbringen nicht im ausreichenden Maße die gesellschaftliche Spannkraft, die zur Fehlerkorrektur und zu vielen mühseligen Neuanfängen notwendig wäre.

Mich ruft das Plattern der Tropfen am Fenster wieder an den Anfang zurück, um

> *dem Regen zu lauschen*
> *und wovon er spricht,*
> *und nicht nur dem Rauschen*
> *mit Dollargewicht.*

Krieg oder nicht Krieg,
das ist die Frage ...

*"Es hat schon Krieg um den Zugang zu
Öl gegeben, aber es wird niemals Krieg
um den Zugang zur Sonne geben."*
(Heidemarie Wieczorek-Zeul, 2004)

Die Ressource ist nicht die Sonne, sondern die Mittel zum Gebrauch derselben vornehmlich auch die Menschen, die diese Mittel produzieren und betreiben.

Und heißen nicht beim Öl die Mittel zum Zugang und zu seinem Gebrauch Grundbesitz, Industrie (Raffinerietechnologie, Pipeline etc.) und Kapital und ist nicht auch für den Zugang zur Sonne und ihren Gebrauch erstens Grundbesitz, zweitens Industrie (voltaische Technologie) und drittens Kapital erforderlich, und sind es nicht diese Mittel, mit denen Kriege durch deren Verfügbarkeit durchgesetzt und gesichert werden?

Selbstverständlich führt ein Getreideacker keinen Krieg gegen ein Ölfeld oder ein Sonnenschirm gegen die Sonne. Aber um die Mittel, sie zu gebrauchen und damit die Sonne, den Acker oder das Öl zu nutzen, werden seit Menschengedenken Kriege geführt, also gewiß auch um die Voraussetzungen für den Zugang zur Sonne und ihren Gebrauch.

Wer der Menschheit allen Ernstes die Beendigung von Herrschaft, Krieg und Gewalt verspricht, kann das nicht mit Hilfe jener Technologien, auch nicht der alternativen, die doch die Voraussetzung, die Mittel und die Folgen dieser Zwangslage darstellen. Jener gutgläubige Prediger müßte wohl zu Beginn seiner wohlgemeinten Rede und der damit von ihm beanspruchten Überzeugung das Amt und die Würde jedweder Beteiligung an eben diesen Mitteln und damit an seinem Legat und seinen Privilegien wenigstens zuvor aufkündigen. Was aber sollte er dann noch zu sagen haben?

Trumpelpfad mit Folgen

Als ginge es nicht schnell genug und als wären die katastrophalen Meldungen zum mittlerweile fast schicksalhaften Klimawandel nicht heftig genug, erreichen uns in den letzten Tagen die Nachrichten, die von regelrechten Hitzewellen in der Arktis zu berichten wissen, in deren Folge unter anderem das Phänomen eines sogenannten "Küsten"-El Niño in Peru zu konstatieren wäre, welcher für bedrohliche Mengen an Niederschlägen und die Begleiterscheinungen riesiger Überschwemmungen und Erdrutsche verantwortlich ist und alles Leben in Mitleidenschaft reißt.

Es wird von wenigstens drei anomalen Hitzerekorden in der Arktis und häufigen, winterlichen Hitzerekorden in den USA gesprochen. Bis an den Gefrierpunkt heran sollen in der Arktis die Temperaturen gestiegen sein. Abweichungen wie Milde im Norden und Kälte in Nordafrika sollen an dieser Stelle nicht unerwähnt bleiben. In einer Meldung des Deutschlandfunks vom 21.03.2017 heißt es zum Beispiel: "Laut der Weltwetterorganisation in Genf schrumpfte die maximale Ausdehnung der arktischen Eisdecke auf den niedrigsten Wert seit Beginn der Messungen - mit Folgen weltweit."

Demgegenüber sind wir bereits seit Jahren gewarnt vor der indessen entgegengesetzten Sicht der neuen US-Administration, den Klimawandel gäbe es doch nicht und schon gar nicht den menschengemachten. Dazu ein Twitter-Zitat vom 1.1.2014 von Donald Trump: "Dieser sehr kostenaufwändige Erderwärmungsblödsinn muß aufhören. Unser Planet ist eiskalt, rekordtiefe Temperaturen und unsere Klimawandel-Wissenschaftler stecken im Eis fest."

Auch die neuesten Aufrufe der entsprechenden UNO-Hilfsorganisationen, die von einer unmittelbaren Hungertodbedrohung von 20 Millionen Menschen aus Somalia, Jemen, Südsudan und Nigeria sprechen und die zur Lebensrettung der Betroffenen einen sofortigen Betrag von 4,4 Milliarden Dollar fordern, bis heute jedoch lediglich auf 90 Millionen Dollar zurückgreifen können, lassen ob der Deutlichkeit weltgesellschaftlicher Interessen keine realistische Hoffnung mehr zu.

Klimahandel verkeilt

Ein Präsident kann sein Land oder gege-
benenfalls auch andere Länder im
schlimmsten Fall in die Steinzeit bomben.
In die Kreidezeit jedoch führt nur der
neunmalklugnaive, fortgesetzte Gebrauch
von CO_2 emittierenden Betriebsstoffen.

So wie Donald Trump als vorzeitliches
Urwesen mit seinem öffentlich vorge-
führten wie vergeblichen Versuch, einen
aufrechten Gang vorzutäuschen, für je-
dermann erkennbar ist, hat er sich jedoch
gerade deswegen auch, einer Zoosensation
vergleichbar, in die Herzen nicht weniger
Amerikaner getrumpelt, die ihrerseits in
ihrem Lande sonst nicht viel zu lachen ha-
ben.

Dem armen Stirnfellwesen aber zu der
Gelegenheit zu verhelfen, mit Kohle, Öl
und Gas wie mit einem Steinkeil seine er-
sten Erfahrungen einlösen zu lassen,
kann nicht unterhaltsam enden.

Habt Mitgefühl mit ihm und euch und
bringt ihn in seine angestammte Umge-
bung zurück, denn in der Tat kann er nur
denken und meinen, was er sagt: "Ich ha-
be einige großartige, großartige, sehr er-

folgreiche Golfplätze. Ich habe viele Um-
weltpreise dafür bekommen. Ich habe da
enorm viel Arbeit reingesteckt. Manch-
mal würde ich sagen, dass ich eigentlich
ein Umweltschützer bin."
(Interview der "New York Times", 23. No-
vember 2016.) (1)

(1) Quelle: "Ausgewählte Trump-Zitate zum Kli-
mawandel", APA -Austria Presse Agentur vom
1.6.2017

Menschenwandel

Sind es noch Wetterextreme im Rahmen meteorologischer Konventionen oder ist es schon der Schweif des Klimawandels, der den substanzraubenden Schlaf und die selbstvergessene Verfressenheit des unbedachten Menschseins bereits eindrücklich am Schlafittchen verschlafener Phlegmatik oder gar am Rockschoß albtraumhafter Aussichten zu packen begonnen hat?

So oder ähnlich reflektieren die Medien in rhetorischer Eleganz oder mit verlogener Skepsis die anwachsende Heftigkeit regengepeitschter Überschwemmungen nebst ihren verderblichen Schlamm- und Wasserfluten, die zunehmende Schädlichkeit weniger, gehemmter Sonneneinstrahlung, die Flächenbrände ausgetrockneter und verödeter Wälder und Pflanzungen, jene atemberaubende Unfrische sauerstoffgeschwächter Luftmassen und hitzegestützter Stickigkeit und sicherlich nicht zuletzt die rekordbrechenden Wind- und Sturmkatastrophen, welche nur allzu oft die Bruch- und Scherbenhaufen ziviler Ordnungen und verkehrstüchtiger Architekturen in den Furchen ihres Wütens zurücklassen.

Da scheint doch der kritische Verweis und das nachhaltige Pochen auf den Klimawandel als Ursache der Probleme und als Hebel seiner korrektiven Umkehrbarkeit einen geradezu rettenden Erkenntnisbeitrag zu bieten. Könnte auch diese Stellschraube des Problematisierens und Begreifens am Ende lediglich der deplatzierte Reflex einer alles bereinigenden und einer aus der immer gleichen zivilen Unwucht entsprungenen Reaktion sein?

Was, wenn alles der Ratio des Menschen und dem ihm seit seinem Auftreten immer schon eigenen raumzeit-kontinuierlich gefesselten Wandel geschuldet wäre?

Wären seine notgetriebenen Fragen dann nicht besser daran orientiert, eine ganz andere Entwicklung und Stoßrichtung freizusetzen, als sie die antwort- und lösungsgestützte wiederholungsstrategische Fortsetzung, wenn auch vertrauter und bewährter Vergeblichkeit, je möglich machen könnte?

Xavier läßt grüßen

War es nicht ein ganz gewöhnlicher Herbststurm, der von der Nordseeküste über Niedersachsen, Brandenburg und Mecklenburg-Vorpommern, allerdings hinter der Küste sogar bereits etwas abgeschwächt, sein Wesen trieb in der vergangenen Nacht?

Gewiß, er war nicht annähernd vergleichbar mit den Hurrikans an der amerikanischen Westküste. Vielleicht ein wenig, denn die Heftigkeit und Intensität seiner Begleiterscheinungen sprengten doch jedes zu erwartende Maß.

Die Flüge, der Bahnverkehr ebenso wie die übrigen Straßen- und Streckenbewältigungsmittel und Maschinen konnten nicht angemessen in Gebrauch gehalten werden oder sich gegen die Umstände und Folgen jener entuferten Windgewalten fließend durchsetzen.

Bei aller meteorologischer Normalrederei inklusive ihrer statistischen Beweisführungsversuche wissen doch die Menschen von den sich deutlich abzeichnenden Veränderungen des globalen Klimas, mitverursacht durch die vorherrschenden

Produktionsweisen und ihrer industrie-
tragenden Technologien, die vermittels
ihrer Schademissionen und Umweltkon-
taminierungen den indessen als wesent-
lich erkannten Anteil zu verantworten
haben und beitragen zu der zunehmend
wahrscheinlicher werdenden Unumkehr-
barkeit globaler Klimakatastrophen.

Sollte uns da nicht ein geradezu noch
freundlich verhaltener Xavier mit seinen
kalten Fingern darauf gestoßen haben,
daß die politopportunistische Sorge um
den Bergbau, die Kohlereviere und jene in
die Tausende gezählten Arbeitsplätze, wel-
che sich in der Gefahr sehen, einer wenn
auch längeren Strecke strukturgewandel-
ter Veränderungen und Umorientierungen
des Wirtschaftens und Konsumierens zum
Opfer zu fallen, eigentlich wenig bis nichts
bedeutet gegenüber den hochwahrschein-
lich sonst zu erwartenden Klimakatastro-
phen mit ihren existenzgefährdenden
Konsequenzen, einen nicht geringen Teil
der Menschheit zu vernichten, weil der Zu-
sammenbruch von evolutionsökologischer
Vielfalt gestützter Nahrungs-, Reprodukti-
ons- und Fortentwicklungsketten unver-
meidbar wäre.

Besitz

Wie die Biene Honig sammelt,
bleibt der Blüte Duft und Pracht;
so kann der die Welt besitzen,
der sie sich nicht eigen macht.

Hambach

Drohung
Wir werden euch schon mit unseren Indianer-
und Geistergeschichten die Zähne ziehen und
die Leitungen kappen, und wenn ihr wehrlos
im dunkeln steht und euch nicht mehr zurecht-
finden könnt, geht für uns die Sonne auf.
(Copyright by MA-Verlag)

Hippieesk, solche Worte, verfaßt von vor-
nehmlich sehr jungen Menschen mit of-
fensichtlichem Kindergemüt und jener
himmelschreienden Naivität, welche ih-
nen jedoch gerade deshalb großzügig ver-
ziehen werden könnte, weil sie Kindern
im allgemeinen nun einmal zugestanden
sein sollte. Auch sie ihnen nachzutragen,
käme kaum in Betracht, weil die Struktur
und die Haftbarkeit solcher Texte besten-
falls mit der berühmten Konsistenz von
Schall und Rauch vergleichbar wäre.

So oder ähnlich könnte sich die eher häufi-
ge Reaktion gereifter Intellektueller oder
gestandener NGO-Aktivisten in Anbetracht
der darüber transportierten, einfachen
Hoffnungen und Wünsche ausmachen.

Entgegenzuhalten wäre dann lediglich die
Möglichkeit, daß es sich am wahrschein-

lichsten auch um jene jungen Menschen handelt, welche die Welt ganz besonders dadurch beschämen, daß sie aufgrund ihres rückhaltlosen Widerstandes unter Einsatz existentieller und körperlicher Konsequenzen nicht grundlos in ihren Baumhäusern, einschließlich des Risikos, sich am Prozeß wandelnder Lebensformen zu reiben, zum Kern und zum fast unerwünschten Angelpunkt aller übrigen Widerstandsaktivitäten und in der Logik medialen Folgeerscheinungen geworden sind, die sich höchst wirksam in den Blickpunkt der Öffentlichkeit um das Thema Rodung und Vernichtung des indessen weltberühmt gewordenen Hambacher Forstes durch die RWE zugunsten des Kohleabbaus gezogen finden.

Sicher wird dieser Widerstands- und Gerechtigkeitsgeist unter keinen Umständen verloren gehen, doch bleibt die begründete Sorge, daß eben die fortschrittmotivierten gesellschaftlichen Kräfte die Fähigkeit vollends einbüßen, zu eben jenem einfachen und unbestechlichen Widerstandsgeist den lebensnotwendigen Kontakt überhaupt noch herzustellen.

Umso drängender ist es dann doch, auf den Hambacher Forst mit seinen im Wald und auf den Baumhäusern lebenden Menschen zu blicken.

Klimawandel

Seine Gegner, besonders die bibelfesten, geraten bei dem Begriff Klimawandel völlig grundlos in Aufruhr und Widerstand, weil sie es ganz im Sinne ihrer Überzeugung, daß sie es bei dem Universum um Gottes festgefügte und schlußendlich nur wegen der Ferne und Größe zur Unterscheidung veranlassenden Schöpfung doch mit dem Gleichklang seines gültigen, unwandelbaren Werkes und Wortes zu tun haben, nicht ertragen können, andere Möglichkeiten in Betracht zu ziehen.

Nur ganz zu deren Beruhigung und zu beiläufiger Kritik an die Apologeten des Klimawandels sei an dieser Stelle einmal darüber aufgeklärt, daß es sich mit der Verwendung dieses Begriffs im etymologischen Sinne auch um nichts anderes als den Zustand bzw. die Neigung einer sich windenden und fortwährend wendenden Wiederholung und somit dynamisch festschreibenden Markierung jenes ewigen Zustandes, Ortes oder Verhältnisses, den die Gottesfürchtigen sich so sehr wünschen, handeln dürfte.

Trägt nicht so der Streit um den sogenannten Klimawandel und seine Bedeutung deshalb auch alle Merkmale einer sophistischen Scheinauseinandersetzung?

Würde jedoch einem derart janusköpfigen Gegenstand wie dem Klima und seinem Wandel seine auf Scheinunendlichkeit abzielende Verkleidung mit Blick auf die Endlichkeit der Dinge heruntergerissen werden, befände sich unversehens eine einflügelige Furie auf ihrem Sturzflug zum Boden, wo sie mit ihrem absehbaren Aufprall nur zerschellen kann.

Dicke Luft und dünne Luft

"Laß mal die Luft raus" steht etwa für die Aussage, die Spannung einer Situation oder die intensive Aktivität irgendeines Tuns zu entschärfen oder zurückzunehmen. Die Beschreibung einer anwachsenden Spannung hingegen, etwa mit den Worten, es herrsche dicke Luft, in den Fokus der Aufmerksamkeit zu lancieren, bedient sich ihrer ebenso als symbolische Füllmasse wie der Hinweis, es sei noch Luft drin, wenn es sich um die Einführung zusätzlicher Kapazitäten handelt. Sicher muß die Luft nicht selten im Sprachgebrauch als Medium oder Trägerschaft herhalten, unter anderem gewiß deshalb, weil ihre Unverzichtbarkeit außer jeder Diskussion und Frage steht, zur selben Zeit jedoch auch, weil ihre unterschiedlichen Funktionen es nahelegen.

Luft reimt sich auf Duft wie auf Gruft und Schuft und Kluft und ist mischbar mit ungeheuer vielen, grundlegenden Aggregaten und Zuständen in der Natur, genauso wie sie auch die wohl engsten und verbindlichsten Nachbarschaften mit Gegenständen, Konglomeraten, Verkettungen und Vereinzelungen pflegt. Es sind die oberen Räume in Allem und Jedem, die sich stets von ihr beherrscht und besetzt finden, wollte man sie genauer verorten. Sie trotzt dem Vakuum und dem Zerfall, verdingt sich als Mantel und Schutz des Planeten Erde und ist sich nie zu klein oder zu groß, den Rest dieser Welt aufs entschiedenste zu verknüpfen. Auch ist sie Träger des Wandels und dem Stoffwechsel geradeso verpflichtet wie dem Stillstand.

Klaglos trägt und transportiert sie die Frische aus der Wald- und Pflanzenwelt wie auch die Wuchten aus dem Nachlaß menschlichen Schaffens. Die Luft würde bestimmt eher unbemerkt zur Entlastung jener Verunreinigungen und Schäden, welche diese Welt fortschreitend anhäuft, fürsorglich beitragen, wären ihre Kapazitäten nicht, wie jene der ganzen Erde, äußerst beschränkt, zumindest an dem wachsenden Maß und der Wut menschlich-industrieller Zerstörungsgewalt gemessen.

Schlußendlich bleibt mir Gott sei Dank gerade noch genug Luft für einen Stoßseufzer in Anbetracht dessen, spätestens jetzt mit diesem leidigen Thema durch zu sein.

Prima Klima

Wenn es auch nach alten Schlagersängern wie ehemals Mona Baptiste, Bully Buhlan, Peter Alexander, um nur einige zu nennen, gehen würde, so haben sie doch schon zu frühen Zeiten zu einer der wichtigsten Fragen unserer heutigen Probleme ihren Teil beigetragen, zum Beispiel mit dem sattsam bekannten Lied: "Mir ist so komisch zumute, ich ahne und vermute: Heut liegt was in der Luft, ein ganz besondrer Duft. Der liegt heut in der Luft. Mir ist so komisch zumute ..."

Der gegenwärtig so viel gebrauchte Begriff "Klima" begrenzt sich zunächst auf die witterungsbedingte Atmosphäre eines beliebigen Ortes, gegebenenfalls auch einer bestimmten Gegend, und weitet sich in jüngster Zeit zu einem die Atmosphäre des gesamten Planeten Erde betreffenden Wortsinn aus.

Er soll helfen, den Status oder den Wandel empirisch gültiger und gewöhnlich erfahrbarer Witterungsbedingungen zu definieren. Alle klimatischen Wechselwirkungen, besonders aber der wachsende Einfluß gesellschaftlicher Produktionsweisen und Technologien auf dieses sogenannte Klima, sind indessen so sehr in den Fokus wissenschaftlicher Diskussionen geraten, daß man sich kaum des Eindrucks erwehren kann, es gebe daneben nicht noch andere maßgebliche Probleme.

Gleichwohl können jedoch selbst bei aller Mühe nur fromme Wünsche und vergebliche Unterfangen dabei herausbraten, sollten wir auf diese Weise zum Fortbestand und Lebenserhalt unserer eigenen und deshalb auch aller anderen Arten nicht mit der gebotenen Entschlossenheit und dem unverzichtbaren Ernst beitragen wollen, gibt es auch keine Aussicht auf Gelingen. Die Aufgabe, der wir uns zu stellen haben, kann ganz gewiß nicht nur bei der Klimaverbesserung beginnen und gar mit einer lebensgerechten Atmosphäre enden, sondern sollte uns mindestens auf dem Weg treffen, uns den schon immer existierenden Fragen, welche die Evolution an das Universum hat, mit wachsendem Interesse zu stellen.

Soziales

Blick in die Schatten

Wäßrig und unstet ist der Blick des Menschen und der Kreatur. Er schweift umher, er zuckt zurück und meidet die Begegnung. Selbst wenn das Auge starrt und sich zu festigen sucht unter Krämpfen, so wird es umgetrieben und verletzt von der Wucht der Zwischenräume, der Perspektiven, von wechselnden Schatten und flüchtendem Licht und endlich vernichtend getroffen vom Gegenstand.

Wie sollte es da anders sein, als daß der menschliche Verstand ein Fehlgriff ist und irren muß in jeder Konsequenz. Nur unter einem großen Aufwand an Verlusten und einem Überaufgebot an Schmerz und Leid läßt sich der Trugschluß beständiger Beschaffenheit, zunehmender Veredlung und anwachsender Reife des menschlichen Geschlechts gegen die bessere Erfahrung aufrechterhalten.

Warum, du Wurm, greifst du in die Schatten und suchst den Halt im abschüssigen Moder der Sümpfe? Fürchtest du das Treffen mit jenen, die du nicht kennst oder ihre Furchtlosigkeit, dir zu begegnen, gerade weil sie um deinen Irrtum wissen?

Verteidigung der Dunkelheit

Ach Bruder, die Straße ist dunkel,
und dunkel ist mein Gesicht.
Ach Bruder, du kennst nicht die Straße,
und den Dreck und die Tränen kennst du nicht.
(1)

Ein lichtverheißendes Lied aus christlicher Feder am Beginn meiner Ausführungen zum Gegenstück.

Bei aufkommender Dunkelheit ist man der Wehr- und Handlungsunfähigkeit ausgeliefert, weil der Mensch sich, seiner Sinne oder vornehmlich seiner Sicht beraubt, außerstande findet, ein Ziel oder einen Gegenstand richtig erkennen und verfolgen zu können, um sich diesem zum Selbstschutz und zur Bewältigung zu bemächtigen. Dabei handelt es sich um jenes Dunkel, welchem sich der auf sein freies und überschaubares Gesichtsfeld angewiesene Mensch in seiner Fertigkeit, angreifen, zupacken und sich mithin auch verteidigen zu können, höchst einschränkend und schließlich jedweder Gefahr, unterzugehen und nicht zu überstehen, sprichwörtlich fast blind ausgeliefert sähe.

Spiegelbildlich ist der dunkle Eindruck oder das dunkle und finstere Wesen, das eine Person ausstrahlt oder verkörpert, jene die entsprechende Aufmerksamkeit erweckende Drohung der Unvorhersehbarkeit, die mindestens überraschende, wenn nicht erschreckende Ereignisketten ankündigt.

Suchen Sie doch, liebe Leserin, lieber Leser, gerne aus, mit welchen der beiden beschriebenen Dunkelheiten Sie vorzugsweise ausgestattet wären, oder ob Sie im Lichte des Vertrauten und Liebgewordenen mit der dem Überblick verpflichtenden Orientierung lieber der lichten Schönheit und Trefflichkeit aller damit verbundener Versprechungen und Verheißungen treu bleiben wollten?

Allein, mir erschien das doch wie der Tanz einer Motte um die tödliche Hitze einer Flamme. Vielleicht stellt sich auch die Frage, ob die Dunkelheit nicht am Ende eine viel ausgreifendere und umfassendere Sinnesmöglichkeit als jene uns sattsam vertraute sein müßte?

(1) "Ich zieh meine dunkle Straße", Worte und Weise: Klaus Kleinau , aus: Die Mundorgel, 3. Auflage 1968, Lied 93, 2. Strophe

Pfingsten -
Rebellion des Schweigens

Es begab sich aber, daß das Wetter zu Beginn des Jahres und zum Aufbruch des Monats Mai eines schönen Abends sein langes, von der Sonne gespeistes Licht über den Rand des späten Nachmittags warf bis weit an den Anfang der tiefen Dämmerung der Nacht und weit länger als die Tage und Stunden zuvor ihr Ende fanden.

Da trafen zwischen Hügeln und grünen Wiesen viele Menschen zusammen, um gemeinsam den Aufstieg des Mondes und den Anbruch der Nacht zu erleben.

Als dann die Dämmerung von der Dunkelheit langsam in die Tiefe der Nacht gezogen wurde, fanden sie sich am Ende zusammengedrängt und schweigend in nächster Nachbarschaft zueinander wieder und verließen fast zur selben Zeit beim ersten Sternenglitzern den Platz ihres Zusammentreffens in unterschiedliche Richtungen.

Hinfort erkannten diese Menschen, wann immer sie im alltäglichen Gewühl aufeinandertrafen, den jeweils anderen am schalen Abglanz jenes denkwürdigen Abends und des schweigenden Reichtums unausgesprochener Worte wieder. (1)

(1) siehe Die Bibel, "Das Pfingstwunder",
Die Apostelgeschichte des Lukas 2, 1-13

Flucht und flüchten

Zur Flüchtigkeit der Dinge und Zeiten und ihrem menschlichen Gebrauch

Der Unbill der Gefahr oder einer Bedrohung befristet entrinnen und doch, weil deshalb vielversprechend, gerade-wegs auf jene Gefährdung oder auch Fremdbestimmung reduziert, erreicht das Flüchten oder die Flucht nicht einmal den Status des Selbstzwecks. Als das fortgesetzt pure Versprechen und damit der Anschein einer erfolgreichen Antwort bleibt es doch in seinem Wesen das dauerhafte Opfer welcher Umstände und Einflüsse auch immer.

Nach jedem Schlaf und nach jedem Vergessen der Beginn und die Fortsetzung einer Flucht, die sich ihrem Wesen nach offensichtlich jedem Versuch, sie zu erfassen, sie zu begreifen oder ihrer habhaft zu werden, zielstrebig entzieht. Eher getrieben von mit ihr verknüpften Hoffnungen, Kalkülen und Perspektiven, Schatten, Unabsehbarkeiten oder fehlgeschlagenen Erwartungen löst sie aller Erfahrung nach ihre Versprechen doch nie ein.

Stattdessen entfaltet sie trotz vieler erreichter Ziele und mancher erfüllter

Wünsche einen ungebrochenen Sog sicher nicht immer auszumachender Stetigkeit. Sie bleibt der Spannkraft und Dynamik nicht endender Ambivalenz in der Pflicht und versieht auf diese Weise den Verlauf jeder Strecke mit einem Anfang und mit einem Ende. Daraus leitet sich leichterhand die perfekte Erst- und Letztbegründung zur Ergebnislosigkeit und Wiederholung her. Schmerzlich, trügerisch und unvermeidbar bleibt die Flucht dann auch, wenn ihrer Natur durch vergebliche Ausweichmanöver und durch spontane Vermeidung immer wieder Rechnung getragen wird.

Es könnte mit entschiedener und unaufhörlicher Verweigerung allerdings ihr Ende gefunden und ihre Vorherrschaft gebrochen werden. Der Mensch hätte fortan nicht mehr den Widerstreit im Haus, sondern sein Zuhause im Streit und nichts müßte mehr über die Routinen des Vertrauten und durch die Aussicht auf Erkennen aufgeschoben werden.

Die soziale Frage

Die vorherrschenden Spielarten von Hunger-, Kriegs- und Armutsnöten und das Elend der Unterdrückten, Ausgebeuteten und von Krieg, Vernichtung und Gewalt bedrohten Menschen auf diesem Planeten sind in ihren komplexen, oft gegeneinander verlaufenden und vielfältigen Erscheinungen meistens kaum zueinander in Beziehung zu setzen. Es ist jedoch immer die Aufrechterhaltung dieser Verhältnisse durch die Herrschenden und Bevorteilten und ihre Besitzstände, Gewinne und Lebensqualitäten, die, von ihnen häufig verursacht, oft geerbt oder durch erfolgreiche Anpassung erschlichen, das historische Verhängnis dafür begründet haben.

Doch wäre diese einfache Lesart unvollständig und das Problem nicht zu bewältigen, würde die gesellschaftliche Beteiligung des zum Individuum atomisierten Einzelnen, sei es nun aus Furcht oder Gier, nicht als Bestandteil und Voraussetzung dieser Dynamik begriffen werden. Ganz im Sinne der sozial determinierenden Umgangsfähigkeit des Menschen, die ihren grundlegenden Zweck der Tauschfertigkeit zur verkehrstüchtigen und überlebenstechnischen Disposition in der Abwicklung ununterbrochener Unterscheidungs- und Urteilsprozesse begründet, gibt sie den Menschen für die permanente Verstoffwechselungsanforderung und ihrer Konsequenzen das mithin entwickelteste Werkzeug bei der überlebensentuferten Selbstbehauptung gegenüber anderen in die Hand.

Bliebe allerdings der Schönheitsfehler, die Geschichte der menschlichen Gesellschaft nur auf die bereits beschriebene und unauflösbar widersprüchliche Perspektive zu beschränken. Sollten die auf diese Art dargestellten gesellschaftlichen Verhältnisse also ernsthaft, und das heißt mit unumkehrbaren Folgen, in Zweifel gestellt werden müssen, kommen wir als ersten Schritt um die soziale Frage nicht herum, denn die Matrix ihrer Beteiligung reicht so tief und so weit, wie sie die menschliche Wirklichkeit zu spalten vermag.

Alt ...

(Zum "Welttag gegen die Misshandlung älterer Menschen" am 15.6.2017)

Als erwachsen, groß geworden, in diversen Fertigkeiten entwickelt und im Wissen um die Dinge erfahren, könnten so oder ähnlich einmal die positiven und gemein integrativen Eigenschaften und Merkmale für die lange bewährten und mithin erfolgreichen Lebensläufe aus dem Blickwinkel unverbrüchlich damit zu verknüpfender Gemeinschaften, Familien, Sippen oder Stämme beschrieben werden, sollte denn die Aufmerksamkeit auf ursprünglich unverzichtbaren Werte gefordert sein.

Die Ältestenrede, ihre Weisheit und die Autorität ihres letztgültigen Urteils und Ratschlages, war nicht selten die höchste Instanz und die wichtigste Etappe kollektiver Entscheidungsprozesse in existenziellen, elementaren oder bedeutenden Fragen ursprünglicher Gemeinschaft.

Wenn die Moderne das Alter indessen mit der entgegengesetzten Bedeutung seiner ursprünglichen sozialen Funktion als lebenseingeschränkt und deshalb belastend und nutzlos, ja unbrauchbar für die Allgemeinheit definiert und dem als alt erkannten Menschen gleichzeitig in wachsendem Maße die Beteiligung an den Reichtümern, den Möglichkeiten, den Stärken und den Funktionen ebenso wie ihr Recht, die Aufgaben in ihrer Gesellschaft gleichwertig in Gebrauch nehmen zu dürfen und gewiß zum Vorteile eines jeden fortentwickeln zu können, sprichwörtlich entzogen wird, so ist das ausschließlich jenem bedrängenden Fortschritt der Herrschaft und der Verfügungsgewalt über die gesellschaftlichen Produktionsmittel, also dem innovativen Stand einer fortwährenden Unterdrückungs-, Ausbeutungs- und Versklavungsgeschichte der menschlichen Gesellschaft geschuldet. Das Alter wäre natürlich, wenn auch als gravierender Akzent vielfacher Unterdrückungsmerkmale, dem vertrauten Erscheinungsbild unterworfener Mehrheiten in der menschlichen Geschichte zuzurechnen.

Darum wird keine Emanzipationsbemühung, kein Befreiungskampf und keine soziale Revolution auf die Rehabilitation des Alters und damit zu seiner ursprünglichsten Erfüllung, Bedeutung und Funktion zurück gelangen zu können, verzichten dürfen.

Die Geschichte der Sieger

Faßt ein Mensch einmal die Schönheit, die Formvollendung und Vielfalt der Natur ins Auge, indem er sich einer intensiven Betrachtung beispielsweise seines Gartens, einer Wiese, eines Feldes oder eines Hügels ergibt, wird er weit und breit nichts anderes als den Beginn und die Beständigkeit einer einzigen Geschichte, der Geschichte der Sieger, erblicken können.

Eine Geschichte der Verlierer oder ihrer gültigen Überreste kann es da nicht geben. Denn der Sieger schreibt die seine fest.

Der spezifischen und allgemeinen Anpassung folgend haben die Verlierer ihre Gegenwart, ihre Zukunft, ihre Erscheinung und ihre Existenz als Besitz- und Verbrauchsfragmente der Sieger essentiell eingebüßt, und die Überreste ihrer Standpunkte und Erinnerungen fallen der Pose des Sieges zum Opfer und schmücken bestenfalls die Häupter der Triumphe.

Nur aus dem Gesichtswinkel der Anpassung und Unterwerfung können solche Prozesse und Ergebnisse noch beschrieben und bewertet werden. Schön also wäre der Anblick der Wiese, des Feldes und der sich darin ausladenden Natur und häßlich wäre ihre Bedrohung, ihre Infragestellung oder ihre Überwältigung.

Unvorstellbar, der Standpunkt des Verlierers ließe sich noch einmal gegen das Herrschende und Übrige aufrufen oder nostalgisch beschwören.

Wollte ich dem Geltenden oder Ausschließlichen in der Natur dennoch entgegentreten, worauf würde ich mich stützen können und wie und wo sollte ich mich da gebären? Dem fortgesetzten Siegen und Ringen träte ich wohl dann entgegen und richtete mich unabweislich gegen ihre Vorherrschaft und alles Übrige erst auf, wenn ich diesen den gesamten Platz zur Entfaltung ihrer Schönheit, ihres Rechtes und ihrer Unerreichbarkeit bedingungslos überließe.

Statt dessen wendete ich mich tief verwurzelt in dem Nichts verbliebener Unscheinbarkeit jener traumverwandten Unendlichkeit steter Verweigerung und verstiegener Praktiken zu, die alles in allem auch wegen nicht notwendiger Anstrengungen und fehlender Selbstbehauptungen unbegrenzten Verwirklichun-

gen und denkbar mächtigsten Begleiter-
scheinungen erst den Raum verschaffen.
Das Übrige und Herrschende und jedes
Ringen darin fiele über die Ränder seiner
Brüche und Verletzungen unweigerlich in
die Tiefe nicht absehbarer Schlünde.

Ach, sind wir bunt ...

Wir sind bunt, will sagen, wir repräsentieren das denkbar umfassendste demokratische Spektrum und uns eint die Stellungnahme gegen rechts oder verwandte anti-demokratische Machenschaften.

Mit der spektral-invasiven Gesamtdisposition und jenen integrativen, Mehrheitsabsprachen verpflichteten Selbstbestimmungsfähigkeiten stellen wir den gelegentlich vorherrschenden Meinungs- und Überzeugungsdurchschnitt im allgemeinen und die normative Abgrenzung im besonderen in den Fokus unserer Absichten.

Bunter geht es wirklich nicht; gemahnt uns doch diese Dominanz nicht zu überbietender Konvention an einen Buntstiftkasten, dessen Freiheit und Funktion sich ausschließlich auf die ordentliche Bereitstellung einer entsprechenden Auswahl von Farben beschränken läßt.

Der Fuchs ist los
im Hühnerstall ...

Der Fuchs ist los im Hühnerstall! Wer ließ ihn ein, vergaß die Tür, verschloß sie nicht? Wer hat euch Federvieh gelehrt, zu flattern und zu gackern, wenn die Gefahr sich nähert? Warum nur hockt ihr so brav auf einer Stange, Flügel an Flügel wie aufgezogene Perlen und schränkt euch ein von vornherein?

Und warum nicht spätestens, wenn der Fuchs schon mal in den Stall gelangt ist, alle auf einen? Warum der Natur nicht mal eine Überraschung abringen, als jener Gewohnheit zu frönen, mit großem Lärm den Hof zu wecken?

Weshalb um alles in der Welt wollt ihr auf solche Art bei dieser Gelegenheit bereits mit eurem Blut, mit eurer Furcht und mit eurer Angst bezahlen, wenn das Schicksal ohnehin den Suppentopf für euch bereithält?

Und weshalb schlußendlich solltet ihr euch überhaupt vom Menschen und seinesgleichen einpferchen, schlachten und verzehren lassen?

Lauft und rennt und flattert um euer Leben, bevor ihr euch von dem Korn aus Menschenhand verlocken und in die zweifelhafte Sicherheit des Hühnerstalls geleiten laßt!

Kein Tor vor euch und keine Tür hinter euch können doch verhindern, daß ihr eure Schnäbel und Krallen gegen jeden Rest der Unwägbarkeiten und Gefahren wendet und neue Fronten erschafft!

Herbstumschau

Wo stehe ich wohl und wo sehe ich mich in einer Zeit uneingelöster Altweibersommerversprechen und einem goldenen Oktober, der nicht so recht golden werden will im Jahre 2017? Auf welchem der einsamen, braunen oder grünen Blätter, die sich zu früh und nur vereinzelt von den Bäumen lösen, finde ich mich wieder? Nicht einmal einige der vielen Fragen, welche mir im Angesicht der plan- und tatenlosen Horizonte fortwährend den Weg verstellen, trage ich an jenen Punkt, an dem sie über sich hinaus und mich weiter führen können!

Die enttäuschten Erwartungen und die leeren Versprechungen wahlkampfgerierter Stoßzeiten und staatstragender Propaganda, die dem Bedürfnis nach Lösungen, harmonischen Verhältnissen und friedlichen Aussichten Rechnung tragen sollen, häufen sich mehr und mehr zu stinkenden Deponien und Halden in unserem Rücken an. Scheint sich jedoch nicht gerade daraus jener Standpunkt ergeben zu können, der mir und vielen anderen den Platz überhaupt erst verschafft, noch bevor alles außer Kontrolle gerät und zum bloßen Schicksal wird, endlich anzugreifen und aufzubegehren gegen sämtliche zerstörenden Raub- und Herrschaftsstrukturen, die gesichert und verknotet nicht zuletzt auch in der Eigenbeteiligung, Bequemlichkeit und Lebensfeigheit vieler Mitgenossen unablässig am Ast unserer eigenen Existenz sägen, um sie ein für alle Mal aus dem Zenit menschlicher Geschichtsschreibung zu brechen und von den eiternden Wunden unseres gemarterten Planeten mitsamt ihrer übelriechenden Selbstvergorenheit zu entfernen?

Zu radikale Empfindungen und Gedanken im falschen Lichte nicht so intakter Herbststimmungen und invalider Hoffnungen möglicherweise? Vielleicht eine Frage, die weiterführen könnte ...

Heimat, Heim und andere Lagen

Wo du dich niederließest, wo du zu finden bist und bleibst und wo du lagerst oder liegst, dort ist dein Heim, der Ort, wo du dich bequemst und wo du ruhst und wo man dich verletzen und berauben kann. Der Ort, den du verteidigst und erstehst. Ein Sicherheits- und ein Existenzversprechen, welches der Ort ohne dich allerdings auch nicht zu halten vermag, Ein Ort, an dem du waltest, gestaltest und dich verwirklichen kannst.

Allein deine Schaffenskraft und deine Lebenswut können sich einen solchen Platz zu jeder Zeit, an jedem Ort, ob vielversprechend oder tief bedroht, erstellen und kreieren, denn sie sind mithin die Quelle und der Grund für dieses Desaster.

Wetter-, gegen-, widerwärtig

Neben vielen anderen gewiß wichtigen Themen der jeweils letzten Stunden des Tages oder der zu erwartenden Wochen wird der Mensch von hochengagiertem Geschwätz über das Wetter in Verbindung mit seinen Be- und Empfindlichkeiten zu entsprechend beiläufigem Wortwechsel oder gar zur Dauerkonversation veranlaßt. So sehr sich auch ein jeder gerade darüber beschwert, bietet sich doch kaum leichter die Chance und die Gelegenheit, als eben über den Wetterschwatz doch zu ausgiebigeren Informationen und zum Worttausch zu gelangen.

Das gezählte, gemessene und analysierte Datenmaterial seriöser Meteorologie und Wetterwissenschaft bietet sicher nachhaltig überprüfbare Anhaltspunkte zu Spitzen und Senken rekordnaher oder durchschnittlicher Wetterereignisse und wird der Komplexität und Deutungsproblematik aller damit verbundener Phänomene durch Reduktion und Konzentration wesentlich gerechter, als es das verlegentliche Geschwätz zum Thema auch nur vermuten ließe.

Gefühlte Kälte, Hitze, Trockenheit oder Nässe räumen da per se von Anbeginn eine lediglich indifferente und kaum allgemeingültige Treffsicherheit der Wetterempfindsamkeit ein, stellen jedoch im selben Atemzug auf das mithin umfangreichste und in seinen physiologischen und chemischen Dispositionen komplexeste Meßkonglomerat ab, das die Natur zu bieten hat, denn welche Quecksilberoder welche Alkoholsäule wäre gleichzeitig zu derart vielen unterschiedlichen Meßleistungen und Zuordnungen in diesem Umfang mehr in der Lage als die Biologie eines Lebewesens?

Konnten und mußten sich nicht schon die Lebewesen und Tiere unserer Vorgeschichte, gestützt auf ihren Wetterinstinkt und ihr diesbezügliches Bewußtsein, mit der Konsequenz mehr oder weniger erfolgreicher Fluchten vor den gewaltigen Naturkatastrophen und Wettereinbrüchen schützen?

So sollte doch jener mißachteten Wetterfühligkeit des ach so geschwätzigen Menschen zu Gunsten unserer Nachdenklichkeit gegebenenfalls mehr abzugewinnen sein als bloßer Zeitvertreib und Konversation.

Wetter, Wind und Geist

Jesus antwortete: Wahrlich, wahrlich, ich sage dir: Es sei denn, daß jemand geboren werde aus Wasser und Geist, so kann er nicht in das Reich Gottes kommen. Was von Fleisch geboren wird das ist Fleisch, und was vom Geist geboren wird, das ist Geist. Laß dich's nicht wundern, daß ich dir gesagt habe: Ihr müsset von neuem geboren werden. Der Wind bläst, wo er will, und du hörst sein Sausen wohl, aber du weißt nicht woher er kommt und wohin er fährt. So ist ein jeglicher, der aus dem Geist geboren ist.
(Neues Testament, Johannes Evangelium, Kapitel 3, Vers 5-8, Jesus und Nikodemus)

Mit der modernen Wettervorhersage, könnte man meinen, wäre diesem neutestamentarischen Zitat aus der Bibel nach Johannes als Analogie doch längst der antiquierte Zahn gezogen, Ungewisses und Unvorhersagbares und vor allem Plötzliches, Erregendes und Unergründliches angemessen zum Ausdruck zu bringen.

Das Wetter als Dauergesprächsthema leichtfüßiger Konversation mit dem steten Beigeschmack saumseliger Kenntnisse und ahnungsvoller Mutmaßlichkeiten ist es jedoch eher, das denn auch bei genauerer Betrachtung die Nase aufrichtigen Bemühens und Strebens gleichermaßen an den Rand schicksalsgefesselter und vollemanzipatorischer Rückkehr zur denkbar trefflichsten Beschreibung des vom berühmtesten Nazarener des Neuen Testaments der Bibel angesprochenen Sachverhalts mit den so sattsam bekannten oder vertrauten Worten führen muß.

Wäre die menschliche Konversation in ihrer ganzen Verschlagenheit nicht so bindend und faszinierend für ihn, könnte dem verhängnisvollen Rätsel jenes an einen gewissen Nikodemus gerichteten Ausspruchs längst das wiederholte Flattern allzu respektvoll zugestandener Flügel gestutzt werden.

Majestäten, Grafen und Barone

"Wir sind keine Royals oder Kings", mit diesem Refrain feiert die Musikgruppe Glasperlenspiel deutlich ihre Nichtzugehörigkeit und ihre vollständige Distanz zu dem im übrigen hoch beachteten und nicht selten ausgesprochen beneideten Gesellschaftsstand. Aber selbst zu diesem Vergleich einer authentischen und unabhängigen Lebensweise sowie inniger Liebe in weitaus weniger attraktiven Formen sozialer Existenz mit einem royalen Leben scheint der Rückgriff auf den und die Beachtung des Adels, wenn auch aus entgegengesetzten Gründen, unverzichtbar zu sein.

Auch unabhängig von dem Umstand, daß der Adel bereits 1918 per Gesetz abgeschafft und mit einer Rechtsbereinigung in den 1960er Jahren schlußendlich auf den bloßen Namensstand reduziert worden ist, findet er bis heute doch noch über die Yellow Press speziell, jedoch auch um kein geringeres über die Medien im allgemeinen höchste Beachtung, insbesondere mit Blick auf die modernen Präsidialmonarchien wie beispielsweise Großbritannien, Holland, Dänemark, Schweden und noch viele andere. Diese modernen Monarchien haben nicht selten als staatliches Imagegeschäft mit Repräsentationsfunktionen und auch oft tradierten Einkommens- und Umsatzvoraussetzungen erkleckliche Garantien und Sicherheiten auf ihrer Seite.

Nicht zuletzt jedoch wäre der Edelmann oder der edle Ritter bzw. der Adel mit ähnlichen Attributen in der vorherrschenden Phantasie des typischen Untertanen der Inbegriff für gesellschaftlich nicht verzichtbare Tugenden und Eigenschaften und sie werden ausgerechnet jenem Adel als fast natürliches Los und Lehen zugesprochen. Die landläufige Behauptung "Adel verpflichtet!" wäre ein unübersehbares, geradezu sprachregulatives Beispiel dafür.

Es sei denn, dieses fest verankerte Verständnis, daß doch Adel verpflichte, würde mit dem notwendigen Zusatz "aber nur die anderen und die übrigen" sinnfällig ergänzt werden.

Antworten

Warum breitest du dich so furchtbar aus und drängelst dich ständig vor?
Damit ich das Feld und alles Übrige zu meinem Vorteil beherrschen kann.

Warum liegst du so faul herum und strengst dich nicht an?
Damit ich mich schonen und meine ohnehin schwindende Gesundheit länger erhalten kann.

Warum läßt du andere für dich arbeiten und weigerst dich, selbst etwas zu tun?
Um den Menschen als Produzenten zufrieden und glücklich zu machen.

Warum teilst du nicht deinen Reichtum mit den Armen?
Weil ich dann schnell nicht mehr reich wäre.

Warum bist du so fett und unbeweglich?
Weil ich nicht darauf verzichten will, die besten Gerichte und die größten Bequemlichkeiten zu genießen.

Warum nur willst du alles für dich alleine haben?
Damit man sich in allem nach mir richten muß.

Warum hast du so kleine Augen?
Damit ich nicht sehe, was mich ärgern könnte.

Warum hast du eine so kleine Nase?
Damit ich niemanden außer mir riechen muß.

Warum hast du so kleine Ohren?
Damit ich mir von niemandem das Gequengel anhören muß.

Warum nur bist du ein so fieser Mensch?
Damit ich dir all deine Fragen beantworten kann.

Hambach, deine Bäume

Eigentum verpflichtet!

Offensichtlich gilt diese scheinfreundliche Formulierung jedoch nur für jene, denen das Nämliche vorenthalten, entrissen und, gestützt auf die gesellschaftlich herrschenden Verteilungsverhältnisse, geraubt wurde.

Den Besitzern und Eigentümern allerdings werden nach Regeln dieser Art Tür und Tor geöffnet, ihre dem Allgemeinwohl und Lebenserhalt nicht selten entgegengesetzten Interessen zu entwickeln und durchzusetzen.

In den nächsten Wochen zeichnet sich das Finale eines entsprechenden Fundamentalkonfliktes, aufs spektakulärste zugespitzt und offensichtlich unaufhaltsam, ab.

Die Rodung des Restes eines von Aktivisten und einer anwachsend engagierten Öffentlichkeit geschützten und mit allen erlaubten und demokratischen Mitteln umkämpften Waldes steht trotz allem mit dem Termin in der Mitte des Oktobers und mit dem Recht der Eigentumsinanspruchnahme so gut wie sicher fest.

Werden die Hoffnungen und Träume der Aktivisten und Klimaschützer schließlich, vergoren wie der historische Rest vieler Freiheits- und Lebenswünsche auf der Müllhalde einer sich menschheitsgestützt selbstverzehrenden Welt, enden müssen, oder war es nicht auch ein Oktober in Rußland, der mit revolutionärem Aufbegehren und Mühen zumindest die Hoffnung auf einen Neubeginn heraufbeschwören konnte?

Friede, Freude, Hambach buchen ...

Ihren öffentlichen und endlichen Fortgang fand die Ausgrenzung der ursprünglichen Aktivisten, nämlich der Waldbesetzer, nicht erst, nachdem sich die Umweltorganisationen den Anschein des Sieges in fundamentalen Naturschutzangelegenheiten am Beispiel des vorläufigen Rodungsstopps im Hambacher Forst aufgrund ihrer gerichtlichen Klagen an die eigene Brust geheftet hatten. Daß diese auch in anderen übergreifenden Zusammenhängen aktiven Umweltverbände auf solche Weise nicht nur vollends die publizistische Aufmerksamkeit erhielten, sondern, wie es sich einer dem Betriebsrat in Konzernen am ehesten verwandten Einrichtung geziemt, die harmonie- und übereinstimmungsgestützte Regulation auch dieses speziellen Falles wie immer in ihre kompetenten und gesellschaftlich wie wirtschaftlich akzeptierten Hände nahmen, liegt in der Logik ihrer selbstgewählten Aufgabenstellung.

Das verbindet sich natürlich aufs beste mit dem Umstand, daß im Schatten echten Aktivisten entwendeter Scheinerfolge die wirtschafts- und profitorientierte Überlebensmehrheit und Kapitalmacht aufs fröhlichste und ungestört ihre mittel- bis langfristig lebensbedrohlichen Projekte wie die Planung weiterer Kohle- und Kernkraftwerke, Fabrik- und Fertigungszentren und den Ausbau dazu erforderlicher Strukturen und damit ihr existenzeinschränkendes Geschäft fortsetzen können.

Die von den ursprünglichen Aktivisten, den Waldbesetzern und -bewohnern, aufgeworfenen Widersprüche mit ihren alternativen Fragen an zukünftige Lebensformen und Produktionsweisen wurden auf diese Weise sicher gegen die Wand gefahren, jedoch ganz gewiß nicht aus der Welt geschafft.

Der Plumpsack geht um

Dreht euch nicht um,
denn der Plumpsack geht um.
Wer sich umdreht oder lacht,
kriegt den Buckel blau gemacht.

So oder ähnlich sehen und sahen sich bereits seit Generationen zahllose Kinder mit einem Spiel im Kreis einschließlich jenes Liedes und seinen darin verborgenen Erziehungsinhalten konfrontiert. Kurz, es wird Erfolg durch Anpassung auf diesem Wege geradezu widerspruchsfrei antrainiert und eingeübt.

Dem Plumpsack begegnet man dann auch immer wieder in gesellschaftlichen Positionen, welche die Aufgabe repräsentativer Schnittstellen oder sozialer Achsen und Sammelpunkte wahrzunehmen verpflichtet sind, und das zum Zweck der Verschleierung verkehrstüchtiger Umsetzungen tatsächlicher Machtausübung.

Die Scheinerreichbarkeit kann gleichwohl dem Plumpsack ebenso zugesprochen werden wie die Unabwendbarkeit jenes Systems, dessen Wirkung und Machtausübung aus diesem Grund fast unantastbar bzw. unangreifbar werden sollte. Wenn allerdings der Plumpsack auch zu einem Beispiel unheilvoller Prägung werden könnte, wäre vielleicht eine Spielvariante denkbar wie diese:

Dreht euch doch um,
der Plumpsack ist dumm.
Wer sich umdreht und lacht,
verprellt seine Macht,
bis die sich verliert
und fernab erfriert.

Die Meiersche Brücke

Eine schillernde Lektion für die Kinder in der jüngsten Vergangenheit ebenso wie in der täglichen Gegenwart, Gleichberechtigung, Demokratie und soziale Regeln zu verinnerlichen unter Zuhilfenahme eines einstudierten Straßen- oder auch Kindergartenspiels, ist zumeist der dazugehörige Liedtext. In einem das rituelle Spiel begleitenden Lied zum Beispiel heißt es:

Die Meiersche Brücke,
die Meiersche Brücke,
die ist so schnell zerbrochen.
Wer hat sie zerbrochen,
wer hat sie zerbrochen?
Der Wolf mit seinen Knochen!

Diese überlieferte und angelernte Art, mit Gut und Böse, Falsch und Richtig, Zielgestützt oder Zielverworfen einen gültigen und schlüssig angepaßten Umgang zu pflegen, kann fürwahr als Blüte der Erziehungskunst angesehen werden. Die Wirkung des Textes, die Kleinen und die Kleinsten selbst auf der Straße bei ihrem entwicklungsorientierten Buhlen um allgemeine Anerkennung und besonderen Erfolg abzuholen, dürfte essentiell doch nur als Erziehungsmittel gelten.

Zahllose derartiger antiquierter oder moderner Mittel und Wege, die Aufmerksamkeit unserer Jüngsten in den Kitas, Kindergärten sowie in allen übrigen Verwahr- und Begleitveranstaltungen zu binden und zu fesseln, können nur der unausgesprochene Zweck eines solchen Instruments sein. Sie zwingen endlich auch die kleinen Menschenseelen in ein lohn- und strafverheißendes Kesseltreiben mit optimaler Erfüllungsaussicht und stützen sich gerne auf die Uraussage ‚Brot und Spiele für das Volk' als Zügel und Zaumwerkzeug herrschaftlicher Interessen und gesellschaftlicher Regeln. Hergeleitet von bewegungsintensiv und variabel bzw. vielfältig beschreibt es dann einen endlich doch induzierten, also geregelten Verlauf individuell beteiligter Tanz- und Entfaltungsfreiheiten. Nur das Spiel kann den Begriff der Übung zweckmäßig füllen und erweist sich mithin als die Jokerkarte verschleierter Einflüsse und Fremdbestimmung.

Schützen
vor den Schützern ...

Ein kleines Männlein, dessen erster Namensteil wohl Kobold oder Dämon heißen mochte, könnte mit jenem Rumpel das stampfende, erdtretende, alles verschlingende Elementarwesen darstellen, dessen Verläßlichkeit und Sturheit jedoch nicht nur zu erhoffen und zu erwarten wäre, sondern weit über den Begriff der Treue hinaus seinem tiefsten Wesen eigen war. Der lärmende, polternde und tanzende Kleine, dessen Name einfach so etwas wie ein Markenzeichen sein mußte, endet in dem gleichnamigen Märchen wohl auch genau deshalb derart schrecklich und unstatthaft.

Gegen einen fairen Handel mit der Müllerstochter, in welchem er die vom gierigen König zum Goldspinnen aus Stroh in drei Folgenächten verurteilte Frau darin unterstützte, ihm dieses Gold zu spinnen, erwarb er dafür in der ersten Nacht ihr Halsband, in der zweiten ihren Ring und in der dritten das Versprechen auf ihr erstes Kind, das sie gebären würde.

Als nun die Stunde gekommen war, daß die indessen zur Königin aufgestiegene

Müllerstochter aufgefordert wurde, ihm ihr erstes Kind zu überlassen, gab das Männchen der deshalb klagenden und greinenden Königin abermals die Chance, über einen Ratehandel ihr Kind doch behalten zu können. In den drei folgenden Tagen allerdings fand einer der Bediensteten beim Durchforsten und Erforschen vieler Namen im Lande tatsächlich dann den Namen des kleinen freundlichen Männchens heraus. Als die Königin dem Kleinen nun triumphierend seinen Namen mitteilte, so heißt es in dem Märchen, hätte dieser sich mit einem Bein vor Wut und Enttäuschung tief in den Boden gerammt und zuletzt mit beiden Händen am anderen Bein in zwei Teile gerissen.

Der Diener erzählte, tief im Wald ein kleines Haus gesehen zu haben, vor dem ein Feuer brannte, und um das Feuer sprang ein gar zu lächerliches Männchen, hüpfte auf einem Bein und schrie:

Heute back ich,
morgen brau ich,
übermorgen hol ich der Königin ihr Kind;
ach, wie gut ist, daß niemand weiß,
daß ich RUMPELSTILZCHEN heiß.

208

Kann ich doch dem Kindlein nützen
und es vor der Zukunft schützen,
einer grausen Hofintrige,
es zu morden in der Wiege,
und die Müllerstochter auch,
daß sie fortweh'n wie der Rauch
und der Königssohn dann schändlich
freit in seinem Adel endlich.

Die zweite Strophe jedoch hatte der Lakai,
wie es bei Dienern üblich ist, der Königin
gegen guten Lohn wohl unterschlagen
und verschwiegen.

Von Ratten und Menschen

Es bedarf keiner geringen, geschweige denn ausführlichen Reflexion, um zu bemerken, daß es zwischen der Art der Ratten, ihr Überleben zu gestalten, und der Art des Menschen, dasselbe zu tun, keinerlei Verwandtschaft oder Ähnlichkeit gibt, wechseln doch die Ratten bei einem grundlegenden Mangel oder einer entsprechenden Überlebensnot einfach den Gegenstand oder im erforderlichen Fall den Ort ihrer Ernährung, um sich andernorts und mit neuer Beute zu Lasten der übrigen Welt ihres Fraßes zu versichern.

So setzt demgegenüber der Mensch doch viel gründlicher und umfänglicher zugleich und mithin ergiebiger und erschöpfender an, um sich seiner Ernährung und seines Überlebens aufs entschiedenste sicher sein zu können, er wechselt seinen Schritt.

Horizont

"Hinterm Horizont gehts weiter ..."

Das tröstliche Fazit einer Zeile aus dem gleichnamigen Udo Lindenberg Song, welche das Dilemma mit der Schärfe einer Bewältigungseinschränkung, beispielsweise als Gesichtsfeldgrenze, und ihrer Überwindbarkeit durch den Gebrauch der Füße oder eines rollenden, gleitenden oder fliegenden Hilfsmittels menschlicher Technik durch ihre fortschreitende Verschiebung treffend zu beschreiben weiß, ist so oder ähnlich der menschlichen Selbstbehauptungsfertigkeit als Offenbarung und Chance einerseits und als neu aufgerichtet in Folge andererseits geradezu schicksalsgewaltig an die Hand gegeben.

Möglich wäre es sicherlich ebenso, aus diesem Wortsinn die endliche Gefangenschaft und Verfügbarkeit humanen Strebens an der Kette bloßer Wiederholungen oder in dem Kessel unvermeidbarer Absehbarkeiten die Zwecklosigkeit jeglicher Mühe und jeglichen Tuns herzuleiten.

Allerdings kann auch die kompromißlos gegenteilige Erklärung hineininterpre-

tiert werden. Jede Grenze wäre dann glei-
chermaßen der Zweck, die Funktion und
das Instrument ihrer Überwindung und
schon würde aus jedwedem Horizont eine
mehr oder weniger lebensspendende und
alles in allem freundlichere Herausforde-
rung werden. Nicht zu unterschätzen wä-
re auch die damit zu verknüpfende
Gewißheit, gerade deshalb nie allein zu
sein.

Märchen

Weit aus der Ferne komm ich her
und bring euch manche neue Mär.

Von der Unterhaltungskunst einmal ab-
gesehen wird dem Überbringer von Ge-
rüchten und Geschichten, dem Boten
oder Erzähler also, nicht nur die Weiter-
gabe von Aufgeblasenem, Hergeholtem,
Erfundenem, mithin von unwahren
Scheingeschichten, sondern auch der
Transport von Wichtigem, Wahrem und
Wissenswertem zugesprochen, und sie
zerlegt die jeweils fabulierten Inhalte in
schmückendes Beiwerk und in wahre
Begebenheiten, so daß die Mär, also die
Botschaft, verpackt in das Transportmit-
tel des Märchens, in der menschlichen
Kommunikationspraxis wohl am ver-
daulichsten vermittelt und auch am auf-
merksamsten verwertet werden konnte.

Höchst verstört habe ich als kleines Kind
bereits jenem alten Schlagertext

Ich weiß, was, ich weiß, was,
ich weiß, was Dir fehlt,
ein Mann, der Dir keine
Märchen erzählt

nur die traurige Idee abgewinnen kön-
nen, daß hier einem anderen Menschen
als ausdrücklich wünschenswert und
höchst erfreulich der Mangel oder das feh-
lende Vermögen, Märchen zu erzählen, als
größte Essenz des Glücks versprochen
wurde, und fand dieses Versprechen, wie
man heute sagt, überhaupt nicht sexy.

Bis heute bin ich mir allerdings auch si-
cher, daß der bloße Abtausch von vorran-
gig überlebensrelevanten Informationen
und Inhalten die historische Entfaltung
unserer bis heute entstandenen Kultur-
und Wissenschaftsleistungen in der
menschlichen Geschichte weitreichend
ausgeschlossen hätte.

Philosophisches und Kuturelles

Kommunismus

Der Mensch, den es nicht gibt und den es nicht geben kann in einem von Karl Marx bis in unsere Gegenwart hineinreichenden gesellschaftlichen Entwicklungsstand als vorgeschichtlich definierten Gemeinschaftsstatus wird gerne und nicht selten in den entsprechenden Diskursen als Kommunist bezeichnet und beschrieben. Existieren kann dieser allerdings lediglich in einer als utopisch zu deutenden Sozialstruktur, welche sich fundamental in einer Gemeinschaft mit Voraussetzungen gesichert und gestützt findet, die Gleichheit und Freiheit jedes einzelnen Mitglieds ebenso wie Gemeineigentum und das Lösen von Problemen in Kollektiven zur herrschenden Praxis gemacht und zum gültigen Prinzip erhoben hat.

In einer Replik auf den Ursinn und die Erfüllung dieses Anspruchs auf den Kommunisten ist es gerade Karl Marx, dem die Feststellung zugeschrieben wird, daß niemand, den er kennt, und schon gar nicht er selbst ein solcher sein könnte.

Wenn es sich allerdings deshalb am Ende bei allen gesellschaftlichen Kämpfen und zahllosen Diskussionen einschließlich ihrer verstiegensten Positionen und Annahmen doch nur um das Luftschloß einer utopischen Spekulation handeln sollte, wäre dieser zumindest doch bis heute die tiefe Überzeugung und der unerschütterliche Glaube entgegenzuhalten, daß die menschliche Geschichte schon alleine um des bloßen Selbsterhaltes willen nicht anders kann, als mit dem Schicksal der Vorgeschichte im Kommunismus zu enden.

Feuer und Rad

Der Gebrauch des Feuers und die Erfindung des Rades können gut und gerne als zwei wesentliche Entwicklungssprünge im menschheitsgeschichtlichen Dauerlauf steter und erfolgreicher Fortschrittsmühen gedeutet werden, die stellvertretend für kaum zu zählende und komplex entufernde Einzelschritte des Erkennens, Erfindens und Schaffens festgelegt zu sein scheinen.

An ihrem Beispiel läßt sich, wenn auch geradezu unerlaubt vereinfacht, das auf Durchsetzung, Selbstbehauptung und Dominanz abonnierte menschliche Grundstreben aufzeigen, denn sie sind Werkzeuge der Zerlegung und die stoffwechsel-, also fraß- und verzehrbefördernde Präferenz menschlichen Seins im Angesichte verschiedenster anderer Möglichkeiten, Leben und Existenz zu gestalten.

Das Feuer und das Rad sind mithin Ausdruck, Praxis und Erfüllung der Unterwerfung und fraßgetriebener Selbstverwirklichung und erweisen sich am Ende nicht nur als Instrumente abschließender Zerstörung und Unumkehrbarkeit jenes oft als nicht zurückweisbar erfahrenen und grundlegend gültigen Prozesses der bloßen Verdauung, sondern als der eigentliche Feind.

Mega

"Megastimmung", "Megafest", "megavoll und nur gefeiert", also ein Megatreffen und eine Supershow und durch nichts zu toppen.

Superlative am Band in einem der vielen Versuche, der kürzesten Form Rechnung tragend, beispiellose oder unvergleichbare Ereignisse, Erlebnisse und Eindrücke auf jene unabweisliche Art und Weise zu schildern und welchem Publikum immer, wenn auch konsensorientiert, aufs treffendste näherzubringen. Da gibt es sogar die "Megascheiße" oder das "absolut versenkt" oder auch das "übel aufgestoßen" und ähnliche nicht mehr steigerbare Attribute, einer zutreffenden Erzählung noch die Krone einer nicht mehr tiefergreifenderen Deutbarkeit aufs nicht vorhandene und nichtssagende Haupt unbeschreiblicher Mühsal ihrer vergeblichen Mitteilungsanstrengung zu setzen.

Dafür darf sich diese jüngere Praxis lautmalender Brücken und Parketts sprachloser Zeiten in der großen Dauerübereinkunft einer verkehrstüchtigen und angepaßten Wärmezone mit anwachsenden Wiederholungszwängen wenigstens wohl und geborgen fühlen.

Die Grenzen meiner Sprache ...

Die Grenzen meiner Sprache
sind die Grenzen meiner Welt.
(Ludwig Wittgenstein)

Ein jeder ist der Sprache teilhaftig, soweit sie sich in den Archiven des täglichen und perspektivischen Gebrauchs sammelt, strukturiert und ablagert. Dennoch besteht ihre vorrangigste Eigenschaft und Funktion wohl eher darin, niemals Besitz, Eigentum oder Vermögen werden zu können.

Der Wunsch des Menschen nach wechselseitiger oder einseitiger Verfügungsgewalt als Hilfsmittel oder Werkzeug in seinen Händen oder gar in seinem Munde, um damit seine Interessen zu verfolgen, ist so alt wie die doch äußerst beschränkte Reichweite eben dieses Ansinnens. Nicht grundlos ist die Kultur der Werkzeuge und Hilfsmittel, also auch die der Sprache, hoch innovativ und wird bestimmt durch ihre fortschreitende Entwicklung. Soviel zu Ludwig Wittgenstein und seinem Bekenntnis zur Unzulänglichkeit seines sprachlichen Vermögens als Einsicht in die Grenzen

ihrer Fassungs- und Entfaltungsmög-
lichkeiten.

Wenn also der Knüppel, wie uns die
Volksweisheit verrät, beim Hund liegt,
warum sollte ich gerade auf diesen fixiert
bleiben, um ihn im Zweifelsfalle zu be-
zwingen? Die Grenzen der Sprache, also
der Kehrwert ihres Besitzes, bleiben am
Ende dieser Betrachtungen deshalb eben-
so ungeklärt wie die Chance, sie zu besit-
zen oder sich ihrer unabweislich zu
bedienen. Auch die Fragefertigkeit, als
ein Bestandteil sprachlichen Vermögens
erwiesen, wird in Anbetracht entgrenzen-
der Unwahrscheinlichkeiten dann auf ih-
re Gegenstandslosigkeit reduziert.

Jedes jedoch von Besitz- und Verfügungs-
streben emanzipierte Verständnis und
der Folge ungetriebener Mühe nicht im
Wege stehen zu müssen, hebt die Beseiti-
gung solcher Hindernisse in den Horizont
der Erreichbarkeit.

Fraglos allerdings müssen gerade diese
Hindernisse zum Zwecke ihrer Überwin-
dung zuvor in ihrer ganzen Vollständig-
keit und Widersprüchlichkeit aufgerichtet
und bis zur Erschöpfung verbraucht wer-
den. Nicht erst nach Wittgenstein muß
dieser Preis sich überstülpender Erkennt-

nisse neben den Schleifen andauernder Wiederholung dennoch vollständig entrichtet werden, wollte man sich denn ihrer Fesselgewalt endlich und gültig wirksam entledigen können.

Spinatwachtel

Das Wort Spinatwachtel, eine eigentlich feingeschmackliche Delikatesse jener häufig zu diesem Zweck bejagten Hühnervogelart, sollte ursprünglich mit dieser Bezeichnung auf seinen vornehmlichen Nutzen und Gebrauch reduziert und gleichzeitig auf den niedrigsten Stand in der Reihe der als lebenswert geachteten Geschöpfe eingeschränkt werden. Seine Entfaltungsgeschichte genau genommen zum Schimpf- und Diskriminierungsbegriff wäre so zufällig wie naheliegend der Ver- und Gelegenheit einer beleidigenden, dem sozialen und gesellschaftlichen Platzverweis dienenden Absicht zuzuschreiben. Gewiß findet diese Wortwahl auch noch heutzutage ihre böswilligen Wege in die Alltagssprache, ist jedoch ebenso sicher in der Verwendung eher selten geworden.

Allerdings kann dem geneigten Leser an dieser Stelle mit der gleichen Gewißheit bekundet werden, daß die Spinatwachtel sich noch weit über die nächste Generation hinweg nicht vom Tellerrand ihrer zweifelhaften Verwendung gestrichen finden wird.

Schwafeln auf hohem Niveau

"Auch Bücher haben ein Alter, und wie die Menschen verändern sie sich mit ihm. In diesem Frühjahr haben die Minima Moralia von Theodor W. Adorno ihren fünfzigsten Geburtstag. Zwischen 1944 und 1947 - nach der gemeinsam mit Max Horkheimer verfassten Dialektik der Aufklärung - im kalifornischen Exil entstanden, ist diese Sammlung von 153 'Reflexionen aus dem beschädigten Leben' bis heute Adornos populärstes Buch geblieben. Mit einer Auflage von gut 100.000 Exemplaren führt es wie kein anderes die theoretische Befähigung und die künstlerische Begabung dieses Philosophen vor." (1)

In Folge viel zitiert und aufs kürzeste mit dem Anschein der Verstehbarkeit versehen und dem Ruch des intellektuellen Nutzens gefärbt, läßt sich gleichwohl an kaum einem anderen pseudodialektischen Sprachgebrauch als dem aus der *Minima Moralia* nur zu häufig zitierten Satz von Theodor W. Adorno "Es gibt kein richtiges Leben im falschen" darlegen, aus welchen waghalsigen Versteifungen und Brüchen sich eine oft soziologisch determinierte Spekulation zusammenzusetzen wußte.

Dem möglicherweise anschwellenden Protest adornistischer Besserwisserei, der Autor dieser Zeilen sei im wesentlichen unverständig, wäre die Feststellung entgegenzuhalten, daß es kein richtiges Verstehen im falschen gibt.

(1) aus: Zeit online vom 03.05.2001, Philosophie, Martin Seel: Das Richtige im Falschen, https://www.zeit.de/2001/19/200119_ka-philo-.xml

Die Zeit, das Luder

"Zeit macht nur vor dem Teufel halt, denn er wird niemals alt, ...", interpretiert und gesungen von dem Schlagersänger Barry Ryan im Jahre 1972. Das wäre eine jener zahllosen, der Zeit unterstellten Aktivitäten, von denen beispielsweise "die Zeit läuft uns davon" mithin eine der geläufigsten sein mag.

Immer schon greifen Menschen, wenn auch mit dem nur flüchtigen Versuch, wichtige oder für die Allgemeinheit bedeutende Dinge zu thematisieren oder anzusprechen, auf schicksalhafte Umstände, Verhältnisse oder gar die Zeit zurück, die dann je nach Bemessung als wesentlich verantwortlich oder als Begründung für den unvermeidlichen Verlauf oder die Ursache welches Ereignisses auch immer herhalten muß.

Vordergründiger oder durchsichtiger allerdings kann das Bemühen, sich mit derartigen Rückgriffen aus der Verantwortung und der Betroffenheit stehlen zu wollen, kaum in Erscheinung treten. Schlechthin wird es auch kaum die Zeit sein, die läuft, sondern beispielsweise der Motor eines Fahrzeuges, das von jemandem gesteuert wird, oder die Beine, die benutzt werden, um vor was auch immer zu flüchten.

Wölfe

August der Schäfer hat Wölfe gehört,
Wölfe mitten im Mai
- zwar nur zwei -,
aber August der schwört,
sie hätten zusammen das Fraßlied geheult,
das aus früherer Zeit,
und er schreit,
und sein Hut ist verbeult.
Schreit:
"Rasch, holt die Sensen sonst ist es zu spät.
Schlagt sie tot, noch ehe der Hahn
dreimal kräht."
Doch wer hört schon auf einen alten Hut
und ist auf der Hut? Und ist auf der Hut?
(1)

Im Jahre 1965 bereits veröffentlichte Franz Josef Degenhardt sein politlyrisches und vielbeachtetes Lied "Wölfe mitten im Mai" mit dem Musikalbum "Spiel nicht mit den Schmuddelkindern".

Selbst in jener Zeit wurden schon gesellschaftlich entdeckte Rechtslastigkeit im allgemeinen und faschistoide Strukturen, Prozesse und Erscheinungen im besonderen vornehmlich von den Linken unterschiedlichster Organisationen und Herkünfte sowohl auf der Straße als auch medial und in den relevanten Institutionen der Bildung und Wissenschaft aufs heftigste thematisiert. Ein verbissener Generationenstreit, entzündet durch Nachfrage und Gesprächsverweigerung, verwundete in diesen Tagen manche familiären Verhältnisse und zerstörte nachhaltig das Vertrauen zwischen den Vertretern der jungen und denen der alten Generation.

Die mehr oder weniger zynische Bemerkung, der Mensch sei des Menschen Wolf, wurde sehr oft und gerne zitiert und darum zu einem beliebten Hilfsmittel der verschleierten Rechtfertigung und Entschuldigung solcher sogenannten menschlichen Natur, deren destruktiver und boshafter Anteil, tief in der Evolution verankert und gerade deshalb aufs entschiedenste zu Unrecht auf den Wolf projiziert, eine bequeme Erklärung für alles bieten sollte. Genau jedoch der Gattung Wolf wird mit einem derart fundamentalen Unterstellungsvergleich sicher in keiner Weise auch nur im entferntesten Rechnung getragen.

Am schlimmsten aber begründet und nährt sich wohl mit einem solchen Beispiel fehlgeleiteter Letztbegründung und

Bezichtigung die Unfähigkeit unserer Art, gesellschaftspolitische Schwierigkeiten und Widersprüche einer fortschreitenden Überwindung und Veränderung mit menschlichem Antlitz zuzuführen.

(1) Franz Josef Degenhardt: Die Lieder, Eulenspiegel Verlag, Berlin 2006, S. 32

Quo vadis december?

Bei den vielen überlieferten Mühen, dem laufenden Jahr eine zahlbare Ordnung zu verleihen, war der Monat "december" der zehnte jenes römischen Jahres, das laut Duden bis ins zweite vorchristliche Jahrhundert seine festgeschriebene Praxis hatte.

Aus dem Nebel des vorangehenden Novembers trat er heraus, um im wesentlichen die letzten Schlachten des folgenden zumeist harten und kalten Winters für die Welt zu schlagen, damit er schließlich durch die Türen und Tore des Januars die Aussichten auf wärmere und nahrungsträchtigere Zeiten gewinnen und erobern konnte.

Mit dem Anwachsen besserer Möglichkeiten und Technologien wie der gleichzeitigen Zunahme ziviler Vereinnahmung und Gefangenschaft des gesellschaftlich gefesselten Menschen haben auch die Ordnung und das systemische Zählen nebst ihrer komplexen und differenzierten Wirklichkeit zum Zwecke der angemessenen Verwaltung zugenommen. Schritt für Schritt hat sich dieses Verfahren bis in die Gegenwart des adäquaten

Zugriffs auf den Stand fortschreitender Entwicklung dieses Prozesses zu bringen gewußt.

Wie sollte der Mensch dann auch etwas anderes erwarten, als daß sich mit dem nächsten System dieser Art, zum Beispiel jener alles übergreifenden Digitalisierung der zukünftigen Technik und Industrie sowie ihrer Produktivität und ihres Konsums, der Weg in die nächste Moderne, jedoch auch in eine engere, stickigere und unfreiere Welt öffnen wird.

Wegelagerer

Es liegt nicht gerade in ihrer Natur, auch nur auf den kleinsten Vorteil von Anbeginn verzichten zu können. Deshalb schieben und drängen sie sich, noch bevor Fronten vollends aufgewühlt und Widersprüche zugespitzt an das Ende ihrer Bedeutung gelangt sind, mit territorialer Wucht und lärmenden Begleiterscheinungen raumgreifend sowie drohend und bedrückend den indessen viel zu kleinen und längst besetzten Plätzen schamlos auf. Dabei kommt es ihren Interessen durchaus förderlich entgegen, kleinere Rangeleien und Zerstörungen auszulösen.

Alles in allem sind die zumeist vertrauten Wegelagerer, in welchem Status ihrer Entwicklung auch immer fixiert, als solche für jedermann leicht auszumachen. Deshalb sollte der Umstand wohl kaum irritieren, daß gerade diese Wegelagerer im Prozeß ihrer Umstrukturierung und Neuausrichtung ihre Absichten und Ziele, wenn auch in überschaubaren Fristen, auf diese Weise deutlich präsentieren. Sie liegen oder lagern allen übrigen Möglichkeiten doch sprichwörtlich im Wege. Der Raub im Kern aber definiert ihre Perspektive, ihr Wesen und ihre Profession.

Sattelfest

Hier handelt es sich um einen positiven Hinweis in unserem Ausdrucksspektrum menschlicher Begriffe im weitesten Sinne für die Bereitstellung einer produktiven Hilfs- und Gebrauchsfähigkeit im Rahmen gesellschaftlicher Arbeit oder menschlicher Nutzbarkeit.

Mit der Verwendung vieler Worte und Begriffe weist die menschliche Sprache so auf die Voraussetzungen zum Zweck der Umwelt-, Lebens- und Wirklichkeitsbewältigung wie auf Werkzeuge, Hilfsmittel, mithin Prothesen und ähnlichem, hin, auf die der Mensch wohl kaum verzichten kann.

Der erste Schritt jener Aneignung allerdings, der, als Beginn des Raubes betrachtet, das Fortleben menschlicher Schaffenskraft und Selbstverwirklichung als unabweisliche Bedingung des menschlichen Tuns, im sitzergreifenden Sinne gar als beutebewährter Gebrauch und verstoffwechselnder Verzehr, bestimmt, wäre dann die Triebfeder und der Endpunkt aller Taten. Jedoch läßt sich dieser Umstand, von welchem Ausgangspunkt auch immer betrachtet, offensichtlich auf die erfolgreichste Art, sich zu behaupten, festschreiben und über die Jahrtausendli- nie des anwachsenden Selbsterhaltes auf eine zunehmend vorherrschende Taktik zurückführen, welche gut und gerne als das Überleben zu Lasten der eigenen Art bezeichnet werden kann, wenn auch dem Satteln eines unterworfenen Wesens eine tragende Funktion zugesprochen werden sollte.

Affe nackt

Seit der homo sapiens die Erde, verwurzelt und gegründet im Schoße des bereits viel länger existierenden und die menschliche Entfaltungsgeschichte mitbegründeten fellfreien Entwicklungspools homo erectus, in einer erdgeschichtlich doch überschaubaren Zeit erobert und für seine Herrschaft und raubgestützte Lebensweise und Existenzbewältigung mit all ihren Ressourcen in seinen kriegerischen Besitz zu nehmen sich anschickte, geschah dieses dann auch in einem Bruchteil jener Zeit, in der sich auf diesem Planeten Leben und dessen Voraussetzungen gegen große Katastrophen geographischen und kosmischen Ausmaßes durchsetzen konnten.

Glaubt man den neuesten Forschungen, so können erste Spuren seiner Existenz bis 300.000 Jahre zurückverfolgt werden. Zivilisationstechnisch scheint sich dieser homo sapiens nicht nur mechanisch und architektonisch gegen viele Möglichkeiten anderer Lebensentwürfe mit seinen sich selbst und erdberaubenden Präferenzen schlußendlich durchgesetzt zu haben, sondern es wird ihm auch noch gerne die Deutung über die essentielle

Wucht der endlich alles Leben zerstören-
den und letztinstanzlichen Vernichtungs-
gewalt allzu leichtfertig zugesprochen.

Woher allerdings will eine solche Selbst-
wahrnehmung, derartige Voraussagen
treffen zu können, denn wissen, ob nicht
eine wirklich nennenswerte und in der
Gewaltentfaltung auf das Nötigste redu-
zierte, geradezu als friedlich und ausgegli-
chen zu bezeichnende Lebensentwicklung
erst an dieser Stelle ihren Anfang nehmen
und erfolgreich fortsetzen kann?

Rauschen

Es flüstert der Wind in den Bäumen, es raschelt und rauscht, wenn die Blätter und Zweige bei seiner Durchfahrt aufeinander schlagen oder sich aneinander reiben.

Jenes stete Rauschen wird es sein, das in seiner Deutlichkeit und Indifferenz zugleich Pate stand bei der Bestimmung jedweder Lärm- oder Lautkulisse, bei der eine sprach- oder verständigungsgestützte Absicht auszuschließen war.

Bis auf den Begriff des Rausches, der dem Verhalten unter dem gleichzeitigen Einfluß unterschiedlichster Ursachen sein zufälliges und spontanes Muster verleiht, ist dem Rausch dieselbe Quelle zuzusprechen, wie sie dem Rauschen abgewonnen wird. Die spinnennetzartige Entuferung eines Musters, wie sie dem Rauschen gerne unterstellt oder dem Geräusch als Ursache oft zugesprochen wird, erweist sich bei näherem Hinsehen einfach nur als Interpretationshilfe.

Bleibt im Kern doch nur das Geräusch, welches sich im Schrecken unserer ersten Aufmerksamkeit findet und sich beim

Lauschen dann an jene Reflexion bindet, die im Spektrum der Erinnerung und Erfahrung eine Lösung und längst Vertrautes dafür sucht, um im archaischen Sinne die notwendige Entwarnung geben zu können, sich fortgesetzter Aufmerksamkeit und Anspannung zu entledigen.

Das Geräusch kann jedoch auch zur sprachzugangsfreien Mutmaßlichkeit beitragen, alle damit zu verknüpfenden Eventualitäten begreifen zu wollen und unter Kontrolle zu bekommen. Doch bleibt am Ende das Geräusch, um im Verhältnis zu einem solchen Erklärungsspektrum mehr als die Dauer seiner akustischen Präsenz nachzuvollziehen.

Motoren, Getriebe und andere steinzeitliche Verbrennungskonzepte

In diesen verschlagenen Zeiten aber, mit ihren Wiederholungen und Stillständen, wächst doch der Wunsch und das Bedürfnis nach einer starken Motorleistung mit großer Zugkraft geradezu ins Unermeßliche aus.

Wer zum Beispiel den Motor seines Autos im Leerlauf treiben läßt, muß ohne den Rückschlag des Getriebes und ohne die fortgesetzt wechselnden Anforderungen des Weges bald bemerken, daß die bloße Verbrennung als steter thermischer Wandel nicht dauerhaft aufrecht zu erhalten wäre, ohne daß der Betrieb desselben unterbrochen wird oder elementare Anteile dadurch der Zerstörung beziehungsweise der Verbrennung anheim fielen.

Die Wegbewältigung, also die Bewegung, erweist sich folglich als der stoffwechselgestützte Wandel eines vorangegangenen Verhältnisses oder Aggregates in ein bis dahin nicht gewesenes, welches sich dann bald als die Halde und die Erblast bloßer Zerstörung und Verluste auftürmen wird und damit alle Insignien puren Verbrauches aufweisen und sich darum am Ende nur noch als menschheitsgeschichtliche Absehbarkeit enthüllen kann.

Schlauch und schlauchen

Geschlaucht bin ich heute. Die Arbeit und die Anforderungen des Tages haben mich geschleift, vielleicht gar über die Gebühr gezogen und geschlaucht und, wie von einer Hülse umschlossen, in alles Mögliche involviert und hineingerissen, ohne Bremse und ohne Pardon.

Der Schlauch, eine Hülse, ein Transportmittel oder eine Verkehrshilfe für Flüssigkeiten und Wasser, das, unter stetem Druck gehalten, an dem Ende oder dem Ausgang des Schlauches entlassen und verteilt werden kann.

Der Weinschlauch zum Beispiel umhüllt und verwahrt seit alters her alle möglichen Flüssigkeiten und gibt sie über eine verschließbare Öffnung ebenso gezielt wieder frei, wie er sie darüber auch in sich aufgenommen hat.

Waren es am Ende wir schlingenden und scheidenden Stoffwechselmonster, die in ihrem Urformat der stoffwechselfähigen Hülse ‚Schlauch' Modell gestanden haben, und wäre der Begriff ‚schlauchen' nicht auch gleichermaßen ein höchst brauchbares Wort für Arbeit und vergnügliches Tun?

Zur sukzessiven Abschaffung der Schreibschrift

Immer mehr Schulen in deutschen Bundesländern distanzieren sich von der Schreibschrift und nehmen eine neue Grundschrift, die der Druckschrift ähnelt, in ihre Lehrpläne auf. Das Konzept dieser Basisschrift stellt es den Kindern frei, wie sie die Buchstaben verbinden. Die Kultusministerkonferenz macht bei Handschriften keine Vorgaben und lässt es offen. Die Handschrift müsse nur gut lesbar sein und flüssig zu schreiben. Die Tendenz zur Grundschrift liegt darin begründet, dass Kinder neben der Druckschrift noch eine der drei verbundenen Schreibschriften lernen. Die Lateinische, die Vereinfachte Ausgangsschrift oder die Schulausgangsschrift als Relikt der ehemaligen DDR. Politiker möchten durch die generelle Einführung der Grundschrift dem Durcheinander ein Ende bereiten. (1)

Für die Abschaffung der Schreibschrift spricht zusammengefaßt:

1. Diese motorisch und handwerklich gestützte Fähigkeit sei von vielen Kindern nur schwer und mit großem Energieaufwand zu erlernen.

2. Mit computergenerierten Texten wird hinsichtlich möglicher Schreibblockaden flüssiger gearbeitet.

3. Die computer- und programmgestützte Schreibweise ist immer gut zu lesen und dank integrierter Korrekturprogramme sind die Texte rechtschreibtechnisch fehlerfrei zu bewerkstelligen.

Die Gegner der Abschaffung der Schreibschrift argumentieren:

1. Kontrollierte feinmotorische und handwerkliche Fähigkeiten werden durch einen flüssigen Schreibablauf besonders gefördert.

2. Die Merkfähigkeit von Texten wächst beim flüssigen Schreiben an.

3. Die integrierten Schrift- und Ausführungsregeln fördern das logische Denken und das Synapsentraining im Gehirn inklusive der Gedächtnisleistung.

4. Abgelesene Beiträge werden von Kindern, die die Schreibschrift bevorzugt benutzen, in der Regel besser vorgetragen.

Keine Kulturfertigkeit in der Geschichte der Menschheit läßt sich herauslösen aus dem allgemeinen Prozeß der Aneignung und der Verwertung unserer Umwelt ebensowenig wie von dem Verbrauch menschlicher Potenziale trennen, auf andere möglicherweise lebenswertere, ergiebigere und gesündere Entwicklungen und Verfahren zurückgreifen zu können.

Dabei ist das Sammeln, das Verwalten und das Reflektieren vermeintlicher oder tatsächlicher Überlieferungswerte mit der Hilfe handschriftlicher Methoden bereits sehr alt und der Prozeß allgemeingesellschaftlicher Verfügbarkeit noch nicht einmal abgeschlossen. Wenn allerdings andere Mittel und Techniken die Fortsetzung dieses Prozesses ohne handschriftliche Bemittelung und seiner Werkzeuge auf den Plan rufen, so ist dieser Prozeß, wie sinnvoll oder fragwürdig auch immer, für sich genommen weder gefährdet noch aus der Welt geschafft.

Sollte es jedoch um den Nutzen oder die Zweifelhaftigkeit einer Kulturfertigkeit für das Wohl und Wehe menschlicher Fortentwicklung besonders mit dem Blick auf Existenzsicherung, Lebenswert und Emanzipation von allen erdenklichen Zwängen gehen, so muß doch die verlustbetonte und furchtbesetzte Frage, sollte sie dann zu Ergebnissen führen wollen, viel fundamentaler gestellt werden, als ob es nur um den Erhalt eben jener Kulturfertigkeit handschriftlicher Spracharchivierung und Textreflexion gehen würde.

(1) 19. Februar 2016 - https://beamten-infoportal.de/magazin/beruf/lehrer/kontroverse-um-die-abschaffung-der-schreibschrift/

Wildgänse rauschen durch die Nacht

Wildgänse rauschen durch die Nacht
von Walter Flex (1887-1917) (1)

Wildgänse rauschen durch die Nacht
Mit schrillem Schrei nach Norden –
Unstäte Fahrt! Habt acht, habt acht!
Die Welt ist voller Morden.

Fahrt durch die nachtdurchwogte Welt,
Graureisige Geschwader!
Fahlhelle zuckt, und Schlachtruf gellt,
Weit wallt und wogt der Hader.

Rausch' zu, fahr' zu, du graues Heer!
Rauscht zu, fahrt zu nach Norden!
Fahrt ihr nach Süden übers Meer –
Was ist aus uns geworden!

Wir sind wie ihr ein graues Heer
Und fahr'n in Kaisers Namen,
Und fahr'n wir ohne Wiederkehr,
Rauscht uns im Herbst ein Amen!

Dem Dichter dieser zum Volkslied gerier-
ten Verse wird nicht zuletzt wegen seiner
national geprägten Herkunft und seiner
entsprechend übrigen Werke im wesentli-
chen ein romantisch verklärtes Verhältnis

zum Krieg und seinem sinnentleerten Grauen zugesprochen und unterstellt. Der lyrische Balladenstil und die herrschenden Ausdrucksweisen des Autors Walter Flex wie seine Bücher und Texte legen scheinbar eine solche Bemusterung dieses Liedes in den Projektor des Betrachters.

Mit seinen Versen habe ich stets nur Wehmut, Traurigkeit und Klage verbinden können und sehe mich bei größter Mühe bis heute nicht dazu veranlaßt, gegenteilig zu empfinden. Deshalb drängt sich mir zumindest die folgende Frage auf: Wie kann die Beschreibung einer Kriegssituation, selbst in romantisch-lyrischem und althergebrachtem Ausdruck, und besonders von einem unmittelbar betroffenen Beobachter und Soldaten anders bewertet werden, denn als Antikriegslyrik? Hier stellt sich doch immer nur der Leser zum Gedruckten und nicht umgekehrt. Schlimmstenfalls könnte dieses Lied auf den Begriff eines klagenden Fatalismus reduziert werden.

(1) http://gutenberg.spiegel.de/buch/der-wanderer-zwischen-beiden-welten-1–5535/1
aus: Walter Flex, Der Wanderer zwischen beiden Welten, Erstveröffentlichung 1917,
C. H. Beck'sche Verlagsbuchhandlung, München ca. 1940

Nebelkrähen

Das Krächzen in den Lüften und das rauhkehlig akzentuierte Geschrei eines in vitalsten Debatten vertieften Krähenschwarms verteilt sich in den Ohren des zufällig Lauschenden über einen doch begrenzten Raum auf den Wipfeln umstehender Bäume oder über den Dachgipfeln nahestehender Häuser.

Fügt der jahreszeitbedingte Umstand dann noch die Nebel aufsteigender Bodenwolken hinzu, läßt sich so ein lärmender Schwarm besonders gut in seiner krähreichweiten Krächzumfriedung ausmachen.

Warum ich nun von jenen durch Dunst verhangenen und windigen Lüften an dieser Stelle bevorzugt erzähle, ohne dabei die sonnenbeschienenen Regengüsse auszulassen, und den Himmelsraum durchmessen lasse mit krächzenden Rufen, so läßt sich das, meinem wohl schweren und leichten Gemüt folgend, doch nur mit diesem Hinweis erklären: Es sind die Nebelkrähen, die nach mir rufen, um mich am Ende doch fernzuhalten.

Nebelpoeme

Grautrüb hängt der naßkalte Vorhang im Dazwischen und Davor über feuchten Wiesen, Feldern und Äckern unter einem sonnenlichtgefluteten Himmel seinen novemberspäten Gedanken nach, die, der feuchten Erde entrungen, sich doch träge weigern, zu schnell im hellen Blau des Himmels in ihre Bestandteile zu zerstieben, um sich dort verteilt am Ende nicht mehr wiederzufinden.

Der graue Dunst oder Nebel auch gerade am Ende des Jahres bedarf keiner dezidierten Beschreibung, denn er ist das finale feuchte Tuch, dem schlußendlich nicht nur die von den Wipfeln gesprungenen Blätter des Waldes schnellstens erliegen, bis die Erde sie verschlingt, sondern auch die Pfütze, welcher er fortwährend entsteigt und die dem unbedachten Schritt des Menschen nicht selten zur triefenden Überraschung wird.

Vom Boden- und Hochnebel ist die Rede, der, bald in den späten Morgenstunden in die höheren Regionen der Luft gestiegen, dann doch seinen Anschluß an die anderen Wolken sucht und mit Gewißheit zu irgendeinem Zeitpunkt seiner weiteren

Reise mit den Regentropfen aller übrigen Luftgewässer wieder zur Erde zurückkehren wird.

Des Kaisers neue Kleider

Im kläglichen Bemühen, so etwas wie einen schnell bestückten Nachruf zu formulieren, gipfelt eine der am häufigsten zitierten Kurzcharakterisierungen des am 19. Februar 2019 verstorbenen Menschen und sogenannten Modezars Karl Lagerfeld in der Bemerkung: "Er war doch eine Erscheinung." Eine Einsicht im übrigen, wollte man sich kurzfassen und auf größte Genauigkeit nicht verzichten, mit der auch kaum etwas falsch zu machen ist.

Karl Lagerfeld geisterte derart leiselaut und medienwirksam durch seine von ihm selbst geschaffene Spielwelt der Haute Couture und des Prêt-à-porter, daß es der Presse und sämtlichen Berichterstattern nicht leichter gemacht werden konnte, auf Dauer zu seiner Person etwas zu erzählen. Seine schlichten Marotten und nachvollziehbaren Allüren erregten ebenso viele Neider wie Bewunderer und lieferten stets das gefällige Hintergrundgeräusch oberflächlicher Besonderheit in sonst aschgrauen Zeiten frei Haus.

Gewiß ist jedoch mit dem unerwarteten Tod Karl Lagerfelds indessen ein nie zu fassendes Gespenst kindlicher Träume und finanzgestützter Erfolge in der großen Modeblasenwelt ebenso wie in der tumben Bildzeitungsleserrealität hart arbeitender Massen tatsächlich im schlimmsten und besten Sinne des Wortes verloren gegangen.

Was bleibt?

Wer strebt es nicht an, das Bleibende, das mithin Haftende, das sich fesselt, sammelt und einfindet im Versprechen der Freiheit, des Fortschritts und des Gelingens mit ihren Echos ohne Ende? Es wäre biologisch tief und weit bereits mit Blick auf die erdgeschichtliche Entwicklung ausschließlich in der Vergangenheit zu suchen, nur um auf die ersten Erscheinungen des Lebens zurückzufinden, welche mit den übrigen Prozessen naturgeschichtlicher Phänomene indes nachgewiesen werden konnten.

Die ungeheuer vielen, sich gegenseitig bedingenden und gleichzeitig ablösenden Gestaltungen und Artenwechsel besagter Lebensentfaltung repräsentieren folglich geradezu die mit den Dauerattributen des Wandels verknüpften Erläuterungsversuche und verbundenen Beweise. Die Voraussetzungen bleibender Aussichten inklusive ihrer möglichen Endlichkeit allerdings wären anders auch kaum zu behaupten und darzustellen.

Deshalb ist auch der Vernunft der schreibenden Zunft die Abschweifung zuzumuten, die in dem allseits bekannten Satz ihren akzeptierten Ausdruck findet, daß nur der bleibt, der schreibt.

Hampelmann

Oh du, mein Hampelmann,
mein Hampelmann, mein Hampelmann,
oh du, mein Hampelmann,
mein Hampelmann bist du.

So lauten die Worte eines volkstümlichen Kinderliedes. Gemeint ist eine durch Fäden in ihren Gelenken verknüpfte Puppe, die, an die Wand an einen Nagel oder Haken gehängt, mithilfe einer Fadenverlängerung zu hampelnden und spreizenden Bewegungen manipuliert werden kann. Dabei erweckt sie nicht selten durch entsprechend geschickte Handhabung den Eindruck eines tanzenden und hüpfenden Narren oder Clowns.

Wird nun die Manipulation geschickt genug verborgen, wird die Aufmerksamkeit des Betrachters oder zufälligen Beobachters wesentlich durch den Eindruck einer sich frei bewegenden Figur an der Wand bestimmt. Nicht zuletzt ist es eine latente Orientierungsnot, die den Menschen dazu veranlaßt, Dinge und Verhältnisse anders zu sehen als sie es tatsächlich sind. So etwas prädestiniert schlußendlich die Aufmerksamkeit im allgemeinen und manchmal auch im be-

sonderen für Täuschungen und Selbst-
täuschung.

Dabei ist der Hampelmann in seiner
Funktion naturgemäß noch leicht zu
durchschauen und für jedermann an sei-
nem Zugfaden zu erkennen. Viel schwie-
riger wird es jedoch bereits, wenn statt
eines Fadens ein Gebäude an der ins Auge
gefaßten Figur hängt wie beispielsweise
ein Weißes Haus.

Die Puppe

Leicht zu nehmen, zu beherrschen, zu belohnen oder zu bestrafen und der Willkür jedweder Projektion, Forderung und Handhabung hilflos ausgeliefert ist im allgemeinen wie im besonderen die Puppe, die deshalb allen Sehnsüchten und Wünschen, Ängsten, Aggressionen und Zärtlichkeiten des Menschen als Spielzeug und Werkzeug dient, um der Anforderung durch die Wirklichkeit und ihre Bewältigung nicht in aller Konsequenz Rechnung tragen zu müssen.

Wäre der Mensch nur seiner eigenen Art gegenüber so interessiert und zugetan, wie es ihm gewiß auch möglich wäre, hätte er den Geistertanz, den Imaginationsaufwand, also das Spiel mit den Puppen nicht nötig, dem er sich doch in einem so großen Umfang widmet, daß es seine ganze Realität zu füllen scheint, und das ausschließlich durch das Motiv begründet, der gleichwohl unverzichtbaren Aufgabe und Chance zu entgehen, seinen täglichen Kampf auf sich zu nehmen, erklärt werden kann.

Die Quelle

"Geh doch geschwind an die Quelle,
wasch den Lehm dir aus dem Gesicht.
Siehe, es wird um dich helle
und die Schmerzen, die spürst du nicht."

Dieser Refrain eines christlichen Liedes, welches auf die Heil- und Reinigungskraft jenes Nazareners verweist, der im Laufe der fortgeschriebenen Geschichte als Jesus Christus zum Mittel- und Ausgangspunkt einer weltumspannenden Glaubensgesellschaft in unterschiedlichsten kirchlichen Erscheinungsformen wird, gemahnt geradezu an das noch ältere animalisch-instinktive Wissen aller Wesen, das sich mit seinem großen Durst an sprudelnden und sickernden Brüchen und Aufwallungen der Erde wie an glucksenden Felsspalten orientiert, denen gewöhnlich das trinkbare, lebensspendende Naß entrinnt.

Wie die Absicht den Willen speist und der Wille die Tat, sollten nicht gerade auf diese Weise, besonders mit Blick auf umweltfreundliche Technologien und die neue Art des Nutzens und Gebrauchs unserer Ressourcen, die Augen, die Sinne und der Rest unseres Mühens ohne jeden Vergleich fest auf den Boden unserer Herkunft und unseres Fortbewegungsapparates geheftet bleiben, bis wir uns noch wesentlich verlustärmer über verbleibende Hindernisse hinwegsetzen können?

In Anbetracht der Gefahr, derartiges möglich werden lassen zu können, werden sich wahrscheinlich die Fragen unserer wie aller Zeiten ganz gewiß an den Ermüdungsfolgen kurzer Pausen oder langer Rasten antwortgestützter Bruchstellen mit keinem größeren Aufwand, als er für uns zu reklamieren wäre, bis zu ihrer zugespitztesten und genauesten Wirkung und Erfüllbarkeit entfalten.

Eine Vision

Greift eine Vision nicht in erster Linie die Voraussetzung und die Folge ihrer eigenen Entstehung auf und spiegelt so zunächst den Grund ihrer Existenz, ihres Scheiterns, ihrer Integration oder ihrer Auflösung im Rahmen eines diskursiven Prozesses wider, dessen Hauptleistung doch ausdrücklich darin bestehen muß, der Wirklichkeitsgestaltung nennenswerte Verbesserungen und Qualifizierungen abzugewinnen?

Im Sinne dieser wohl urdemokratischen Behauptung wird sich die vorangegangene Frage und damit der Charakter jeder Vision doch als schlußendlich rhetorisches Werkzeug auf dem unumgänglichen Pfad der Wirklichkeitsbewältigung herauskristallisieren.

Geben wir der Mühe, den im antiken Griechenland entstandenen Gepflogenheiten alle Ehre zu erweisen, doch eine Chance und behalten dabei geflissentlich im wachen Blick, daß uns der Schierlingsbecher aus der gleichen Zeit besser erspart bleibt.

Über den Autor

Helmut Barthel, geboren 1951 in Hamburg, schreibt seit seinem achten Lebensjahr. Sein beeindruckendes Werk umfaßt heute weit mehr als 1000 Gedichte, veröffentlicht in sieben Lyrik-Bänden, und zwei Serien von über 100 Kurzerzählungen über bedeutende Religionsstifter und Philosophen von der Antike bis in die Gegenwart wie die Episoden über den "Zimmermann in der Wüste" und über den "Vollerwachten". Die schon früh entstandenen kurzen Social- und Science-Fiction, fantastischen und politisch-satirischen Erzählungen in "Ein Tag wie morgen" vermitteln einen ergänzenden Einblick in das breite erzählerische Spektrum des Autors.

2015 erschien der erste Teil der Roman-Trilogie "Zauber kalt I - Ein Märchen für Erwachsene: Bari in Inari". Der zweite Teil

"Zauber kalt II: Die wilde Jagd" steht kurz vor der Vollendung.

1982 gründete Helmut Barthel den MA-Verlag. Er ist Chefredakteur des Schattenblick und schreibt nachhaltige Fachartikel in den Bereichen Politik, Kultur und Philosophie. Seine Leidenschaft gilt der deutschen Sprache, besonders in verdichteter Gestalt.

Helmut Barthel

Ein Tag wie morgen

Kleine Geschichten

Der Gau

Gleiches Licht für alle

Die Idiotenwiese

Kommdu

*Warum ist Bodhidharma
nach China gekommen?*

Die Nacht

Langeweile

Um 10:00 Uhr irgendwo in Deutschland

Firmenkondolenz

Helmut Barthel
Ein Tag wie morgen
Kleine Geschichten
Paperback
Preis 9,00 €
ISBN/EAN: 978-3-925718-37-3

Der Vollerwachte

aber widersprach und sagte ...

von Helmut Barthel

Unnahbar geht der Erhabene seinen Weg und hinterläßt ganz nebenbei bedenkenswerten Rat und erfrischende Worte zu allzeit aktuellen und grundlegenden Lebensfragen und spirituellen Rätseln. In stets zugewandten, virtuellen Disputen wendet er sich mit lebenspraktischem Blick gegen die Einseitigkeit fundamentaler Wahrheiten und tritt kompromißlos der Vormacht aller Schmerzen und dem Spektrum aller Leiden entgegen.

Ein Lesevergnügen eben nicht nur für die Vertreter der diversen Glaubensrichtungen.

Helmut Barthel
Der Vollerwachte
aber widersprach und sagte ...
Paperback
Preis 9,90 €
ISBN 978-3-925718-28-1

Ein Zimmermann
in der Wüste

Es begab sich aber vielleicht auch ...

Eine heitere Exegese
neutestamentarischer Begebenheiten

von Helmut Barthel

Mit einer Exegese der besonderen Art bietet
Helmut Barthel in seinem Erzählbändchen
eine ganz neue, humorvolle, bisweilen def-
tige Sicht auf 14 bekannte neutestamentari-
sche Episoden um den Zimmermann Jesus
von Nazareth und seine Anhänger, der ganz
ohne Religiosität und Frömmigkeit aus-
kommt. Ein Lesevergnügen und eine Ent-
deckungsreise sowohl für moderne
Christen wie auch für Anhänger anderer
Glaubensrichtungen.

Helmut Barthel
Ein Zimmermann in der Wüste
Taschenbuch
Preis 8,20 €
ISBN/EAN: 978-3-925718-35-9

Zauber kalt

Ein Märchen für Erwachsene

von Helmut Barthel

Teil 1 - Bari in Inari

Folgt mir nun auf die Reise in eine ferne
Vergangenheit, die der Zukunft doch so
nahe ist wie die Worte, die ich gebrau-
chen werde, um Euch die Begebenheiten
meiner Wanderschaft an die Quellen der
Zauberei zu erzählen.

Zauber kalt
Ein Märchen für Erwachsene
Taschenbuch
Preis 11,80 €
ISBN/EAN: 978-3-925718-34-2

*

Helmut Barthel
Sorcery Cold
A Fairytale for Adults
translated from German by Riocard Ó Tiarnaigh
Paperback
Preis 10,00 €
ISBN/EAN: 978-3-925718-38-0

FSC
www.fsc.org

MIX

Papier | Fördert
gute Waldnutzung

FSC® C083411

Zeitfracht Medien GmbH
Ferdinand-Jühlke-Straße 7
99095 Erfurt, Deutschland
produktsicherheit@kolibri360.de